本研究接受天津市哲学社会科学规划项目（TJGL16-006）的资助

组织文化维度对企业探索性
创新与开发性创新的影响研究

郭晓彤　著

南开大学出版社
天　津

图书在版编目(CIP)数据

组织文化维度对企业探索性创新与开发性创新的影响研究 / 郭晓彤著. —天津：南开大学出版社，2017.1
ISBN 978-7-310-05307-0

Ⅰ.①组… Ⅱ.①郭… Ⅲ.①企业创新—研究 Ⅳ.①F273.1

中国版本图书馆 CIP 数据核字(2017)第 002712 号

南开大学出版社出版发行
出版人：刘立松
地址：天津市南开区卫津路 94 号　　邮政编码：300071
营销部电话：(022)23508339　23500755
营销部传真：(022)23508542　邮购部电话：(022)23502200

*

天津午阳印刷有限公司印刷
全国各地新华书店经销

*

2017 年 1 月第 1 版　　2017 年 1 月第 1 次印刷
210×148 毫米　32 开本　6.625 印张　187 千字
定价：28.00 元

如遇图书印装质量问题,请与本社营销部联系调换,电话:(022)23507125

前　言

　　创新是一个民族进步的灵魂，是一个国家兴旺发达的不竭动力。一个国家、一个民族要不断创新，一个企业要生存要发展，要在竞争中立于不败之地，都必须勇于创新，坚持创新。当前对于创新问题的研究主要集中在经济层面和工具层面，经济层面上主要关注创新如何促进组织成长，其议题包括创新的技术基础设施建设、国家创新系统以及政府干预等问题；工具层面上则表现为创新的主体、手段和方法等方面，其议题集中在新技术的引入、新管理工具的使用以及企业发展过程中所面临的突破性创新、探索性创新以及开放性创新等有关创新的议题。遗憾的是，无论是经济层面还是工具层面，有关创新在组织文化层面的运行效果，即组织文化对创新的影响问题在学术界和实务界一直关注较少，产生这一现象的主要原因在于学术界和实务界的考虑都是以技术、制度以及管理模式为基点来讨论创新的有效性问题。

　　企业创新是一个内生因素与外生因素交互影响的复杂过程，且具有情境化的显著特征。企业内部的知识结构、技术能力，外部的市场环境、竞争格局都可能影响企业创新的方式与内容。然而，学术界与管理实践领域较多地从内部或外部视角观察企业的创新方式，侧重对知识、技术以及市场竞争环境的探讨，而对组织文化影响企业创新方式作用机制的挖掘，且对中国情境下的制度环境关注不足。有鉴于此，探讨组织文化维度对企业探索性创新与开发性创新的影响，将有助于从组织文化层面形成对两种创新的权变选择的理论解释，有助于挖掘什么样的企业更适宜实施哪种创新的深层次原因，揭示是否能够通过组织文化的营造推动特定创新活动的开展。

　　本书是基于作者博士论文的研究成果，旨在探索组织文化维度对企业探索性创新与开发性创新的影响。研究逻辑主要沿两条路径展开：一是通过对组织文化维度与企业创新方式的操作化分析，建构可衡量其构念的适宜变量，进而运用大样本调查与统计检验方法，经由问卷调查获取数据，再利用结构方程方法完成对理论假设的检验，从而形成对组织文化维度影响探索性创新与开发性创新的理论解释。二是根据实证检验结论，通过案例分析一方面验证性地说明基于权力距离、不确定性规避、长期导向与短期导向所建构的组织文化维度影响企业探索性创新与开发性创新的作用路径；另一方面建构式地分析上述组织文化维度影响企业创新方式的作用机制，丰富实证研究结论的理论内涵。作者主要得出了如下结论：

第一，提炼出组织文化维度影响企业创新方式的作用关系。具体而言，组织文化维度中权力距离、不确定性规避以及长期导向会对企业创新的方式产生影响：表现为权力距离低，不确定性规避低，倡导长期导向的组织，更倾向于开展探索性创新；而权力距离高，不确定性规避高，倡导短期导向的组织，更倾向于开展开发性创新。

第二，挖掘出组织文化维度影响创新方式的过程机理。组织文化维度对企业创新方式的影响并非仅包含交易主体体制属性调节的直接作用，而要经由知识层面、组织层面以及领导层面的中介作用，形成对企业探索性创新与开发性创新的最终影响。

第三，从过程的视角揭示出组织文化对企业创新方式的影响。组织文化维度对企业创新方式的影响具有阶段性特征，即随着企业创新的发展呈现出对创新方式选择的不同影响。

本书突破以往较多地从技术、知识角度挖掘创新绩效提升原因的研究，从组织文化角度对企业在不同创新方式间的选择进行深入探讨，有助于从组织文化角度形成对企业创新权变选择的理论解释，有助于深入挖掘具备何种组织文化的企业更适宜实施哪种创新方式的深层次原因。更进一步，对组织文化维度影响企业创新选择过程机理的深入探究，丰富了对该影响关系理论内涵的深入解析。而对于企业交易主体体制属性变量的引入，则折射出中国转型经济背景下组织文化维度影响企业创新方式的独特性与情境化特征。

　　由于本书的研究内容与作者研究水平的局限，本书仅从四个维度探究了组织文化因素对企业双元型创新的影响，对于组织文化背景下创新实施的过程，二者的交互作用还有待采用质化研究方法进行深入探究。此外，探索性创新与开发性创新的平衡是一个有趣而复杂的难题。马驰（March，1991）曾指出探索性创新和开发性创新作为相互对立的两种活动，他们在资源上相互竞争，并且据其在两种活动上目标的不同对组织进行不同的定位。因此，未来研究应从组织文化的角度探讨创新的平衡，基于创新成本结构最优、创新绩效最优的分析逻辑，解释两种创新相平衡的内在规律。

　　最后，感谢我的博士生导师张英华教授在本人博士论文以及本书出版过程中的悉心指导，感谢出版社各位老师的辛勤工作，谢谢。

郭晓彤

天津财经大学商学院

2016 年 3 月

目　录

第1章 绪 论

1.1 研究背景

在日益动荡复杂的市场环境中，激烈的竞争使得企业陷入谋求变革以适应环境与保持已有竞争优势的成长困境中，而借助创新在利用现有知识与能力的同时引入或创造新知识与新能力，实现变革与保持并举就显得极为重要。大量的实证观察显示，许多企业在面对不断变化的外部环境，特别是当环境中潜存趋势性的变革力量时，选择以跳脱现有知识基础与能力结构的方式探索新知识与新能力，从而进入新事业，力求实现战略变革与公司复兴。同时，仍有大量的企业固守着自身已经建立起的竞争优势，并依托现有资源与知识不断提升资源的开发与利用能力，进而在现有领域中拓展、渗透或向新领域延伸。两种战略发展路径是建立在不同的创新逻辑基础上，即探索性创新与开发性创新（Jansen et al., 2006）。两种创新方式的结合一方面能够反应出对企业现有知识与资源的掌握与驾驭，另一方面又折射出对外部环境变化的战略适应性。企业的创新方式在学术界和实务界有众多分类和应用，但探索性创新和开发性创新更能体现企业在创新实施过程中的主观能动性，因此本研究认为组织创新方式的具体实施问题实际是企业的主动选择过程，所以将创新方式界定为开发性创新和探索性创新显然最为恰当。

探索性创新和开发性创新是两种性质截然不同，而且具有明显的绩效差异的组织活动。已有研究关于探索性创新与开发性创新内涵的解释主要分成两个流派：一是主张两种创新预示着企业两种截然不同的战略选择，主要从知识运用与市场导向两个维度解释两种创新的内涵，主张探索性创新是企业为了满足新市场中顾客尚未被满足的新需求，脱离原有的知识体系与技术轨迹以创造新知识或技术而实现的创新活动；开发性创新则是以企业现有知识与技术结构为基础，为了在现有市场中渗透而以满足既有顾客为目标所开展的创新活动。前者更像是突破性创新，而后者更像是渐进性创新。例如卡沃内等（Cavone，Chiesa & Manzini，2000）的一项研究表明，探索性创新活动的重要特征在于不断地搜寻新的技术解决方案，以及不断地学习以增强企业的知识基础；而开发性创新活动的特征在于利用现有的价值活动创造价值，通过开发蕴含于企业现有人力资源与技术系统的技能来实施创新[①]。二是主张两种创新是企业技术创新过程中的不同阶段，主张二者必须协调、配合才能共同推进技术创新战略的实施。从战略管理的研究文献来看，一些学者们从能力的识别与建构角度解释探索性创新，而从能力利用与配置的角度解释开发性创新。他们主张这两种创新分别指向企业创新过程的初期发展阶段和后续执行阶段。第一阶段往往以探索性创新活动为主要特征，如风险承担、搜寻可能的创新选择（Duncan，1976）与创新发现（Cheng & Van De Ven，1996）等；第二阶段则以开发性创新活动为主要特征，如创新成果检验（Cheng & Van De Ven，1996），凝练创新成果与实施（Duncan，1976）等。这种阶段性的划分有别于研发活动与产品开发活动的传统划分方式，意味着企业往往需要同时采用探索性创新与开发性创新，即在同时追求战略变革与已有竞争优势的保持，因而面临着两种创新的选择与协调问题。

然而，"什么样的企业适宜采用探索性创新，什么样的企业适宜采用开发性创新""或者企业在何种情境下选择何种创新形式更具有适应性"已有研究并没有得出较为一致的研究结论，且代表性的观点较少，因而成为极具吸引力的研究问题。创新是一种情境化的活动，因此开始有研究尝试挖掘影响探索性创新与开发性创新的关键因素，

---

① Cavone, A., Chiesa, V., Manzini, R., Management Style in Industrial R&D Organizations[J]. European Journal of Innovation Management, 2000 (3): 59-71.

如达曼普尔（Damanpour，1991）关于组织创新的综述性研究识别出了影响创新管理的因素，包括创新的类型、阶段以及创新的范围。厄特巴克（Utterback，1994）则认为组织生命周期的不同阶段会影响创新类型的选择，例如处于产业技术新兴阶段的组织更可能参与探索性创新活动，而处于成熟产业阶段的组织则倾向于开展开发性创新活动。伦德尔（Lundvell，1990）研究发现，由于体制上、支持政策上的差异所引发的国家文化的不同，可能会对创新的本质产生重要的影响。这一观点得到了一些实证研究的检验，如有研究发现，美国在探索性创新方面很成功，而亚洲国家像日本在开发性创新方面比较成功。这一研究预示着文化可能是影响探索性创新与开发性创新的一个重要因素。

霍夫斯泰德（Hofstede，1991）曾指出组织文化正逐渐取得与战略、结构以及组织控制同等重要的地位。从已有关于创新影响因素的研究来看，能够支持组织创新的最重要的影响因素是对创新与创新文化的管理支持。特布兰赫（Terblanche，2003）研究发现组织文化会对创新产生影响，而其中愿景与使命是组织文化中的战略性因素。库什曼和奥莱利（Tushman & O'Reilly，1997）则认为组织文化是组织创新的灵魂，支持创新的文化能够巩固创新的平台，促进管理创新与产品创新。奥莱利（O'Reilly，1989）断言创新的途径就是在组织中所形成的广泛坚持与共享的文化规范，这将积极促进新构想与新工作方式的产生。事实上，组织并不需要很多的强有力的价值观。像沃尔玛、丰田、惠普这样的企业，往往仅拥有很少的核心价值观，但是这些价值观被很好地贯彻与执行，且在组织内传播范围很广，使得每一个员工都认可并坚持组织价值观，这是影响创新活动的重要因素。

但是，就已有文献来看，已有研究仅仅是认为组织文化会对组织创新产生影响，但并没有深入探讨哪些文化维度会对创新产生影响以及影响的路径为何，作用机理为何；而且已有研究多为理论阐述性或理论建构性文章，利用大样本实证检验文化对创新影响作用的研究还较为鲜见。基于此，本书援引霍夫斯泰德（Hofstede，1991）的经典文化模型建构对组织文化的解释，分析这些文化维度对企业创新方式的影响。尽管霍夫斯泰德（Hofstede，1991）的经典文化模型是用于探讨国家文化维度的，但由于组织层级与国家体系的相似性，将这些文化维度应用于组织层面也能够形成对组织文化的良好解读；而且霍夫斯泰德（Hofstede，1991）对中国情境做了深入研究，特别是长期导向维度的提出恰好是针对中国的调查所发现的，因而更适宜中国企业组织文化的研究。

在中国情境下，已有研究较多地探讨了市场环境对企业创新的影响，但对于企业所嵌入的制度环境并没有给予较多的关注。而事实上制度环境会对组织文化影响创新选择的作用产生调节性的影响。在中国的转型经济体制背景下，制度环境意指两种体制格局并存即双轨制的情境特征。体制并存现象源于我国的经济体制转型，走的是渐进式的道路，即发展或至少模拟市场经济，但要保持一定程度的国家控制（Child & Lu，1996）。这就使得我国的制度环境中包含体制内和体制外两种格局，其中体制内格局是以计划经济为基础，依托国家行政体系，依据国家行政命令实现资源配置；而体制外格局是指以市场经济为基础，在自由贸易的框架下，通过公平竞争与价格机制来进行交换与资源配置。在体制内格局中，由于组织在国家行政体系中处于较高的地位，因而其所拥有的资源含量较高；而其资源获取要经由国家行政部门的审批，因而更擅长与国家行政部门的关系建立与维护；体制内组织在内部工作流程、资源调配、信息处理等方面都表现为自上而下的等级式安排，更贴近国家行政体系的权力结构。相较之下，体制外格局中，尽管由于在国家行政体系中地位较低而被体制内组织挤占资源，但体制外组织更多地掌握市场运作知识，能够较好地把握竞争的格局以及技术的演进，其内部也以自下而上的流程、高效的信息流动与处理以及开放式的创新逻辑形成独特的组织氛围。当企业嵌入于不同体制格局的制度环境时，其对创新方式的影响可能有所不同。

因此，本书以"企业在何种组织文化情境下选择何种创新形式更具有适应性"为研究问题，将霍夫斯泰德的国家文化模型应用于组织层面，着重探讨权力距离、不确定性规避、个人主义与集体主义、长期导向与短期导向这四个文化因素在组织层面的内涵与表现，挖掘其对企业探索性创新与开发性创新的影响，同时探讨企业的制度环境对这一影响关系的调节作用。

1.2　研究意义

本书的理论意义在于：首先，将霍夫斯泰德（Hofstede，1991）的国家文化模型应用于组织层面，探讨组织文化维度对企业探索性创新与开发性创新的影响，研究有助于从组织文化层面形成对两种创新的权变选择的解释，有助于挖掘什么样的企业更适宜实施哪种创新的深层次原因。已有研究较多地基于资源基础理论、能力理论、知识理论等，从知识、技术、能力的角度解释企业创新，少有从组织角度特别是从组织文化角度解读创新方式的选择。尽管也有研究主张组织文化在创新过程中的重要作用，尝试性地分析组织文化对创新绩效的提升作用，但对于从组织文化维度出发剖析何种文化情境下企业选择探索性创新与开发性创新的研究还较为缺乏。因此，本书的研究结论将有助于从组织理论视角提高对企业创新逻辑的解释力度，丰富企业创新理论的内涵。

其次，本书引入交易主体体制属性变量，通过与企业进行交换的交易主体的体制隶属性来衡量企业所嵌入的制度环境，进而分析其对组织文化维度影响探索性创新与开发性创新选择的调节作用，研究强调了中国转型经济背景下两种体制并存的特殊制度环境对企业创新的重要影响，使得本书关于企业创新的研究更贴近中国情境，更能够反映中国的制度环境。通过对企业所处制度环境的调节效应的剖析，强调了内部文化与外部制度环境的协调对企业创新方式的影响，研究对于揭示组织文化维度如何在外部制度环境的影响下发挥创新作用有重要的意义。对企业交易主体体制隶属性的关注则凸显了中国转型经济背景下企业的体制隶属性在创新战略、组织、行为乃至文化诸多方面的差异，这种差异会经由制度环境作用于企业的创新活动，因而对这一调节效应的研究有助于对企业创新活动选择形成制度环境层面的解释。

　　最后，本书突破以往研究较多探讨企业创新绩效提升的路径、过程与机理的局限，对企业的创新活动进行详细的类型化的研究，即将探索性创新与开发性创新区别开，探讨两种创新的权变选择。本研究有助于深入探究企业探索性创新与开发性创新的选择机理，而非单纯地分析创新绩效提升的要素选择，因而有助于厘清两种创新的实现路径，形成对创新选择的逻辑解释。

　　本书的实践意义在于：第一，有助于人们对企业探索性创新与开发性创新的选择过程的内在规律及其情境因素形成深刻的认识，科学地辨识出在两种创新的选择过程中可管理的理性成分，从而使企业强化创新选择过程的规划和管理，注重从情景要素出发建构适宜的创新环境以激发适应性的创新活动。第二，有助于企业认识到制度环境在其创新过程中的重要作用，学会利用制度环境获取创新所需的资源或开展适宜的创新合作任务，同时学会依据交易主体体制属性选择合适的创新合作伙伴，以构建有助于创新的制度环境，从而提高自身在探索性创新与开发性创新活动上的成功率。第三，有助于企业创新环境的建设，通过在经济开发区、高科技产业园区等机构内营造创新所处的制度环境氛围以及相应的制度环境，提高企业创新的制度意识，强调外部制度环境与自身组织文化氛围的适应性协调。

1.3　研究方法

1.3.1　文献分析方法

　　本书采用文献分析方法形成对研究问题的提出与理论模型的建构。首先，本书围绕企业的技术性创新、探索性创新、开发性创新等与创新相关的主题进行文献检索，梳理出已有研究关于探索性创新与开发性创新的研究脉络，评析其研究的局限与可能的切入点，进而以组织文化维度与组织创新方式为主题进行文献检索，梳理组织文化维度与组织创新方式的关系，从组织文化层面形成对组织创新的解释，进而选定霍夫斯泰德（Hofstede，1991）的文化模型作为组织文化研究的基础模型。其次，本书围绕权力距离、不确定性规避、个人主义与集体主义、长期导向与短期导向等组织文化维度进行梳理，发现其与企业创新的关系，从而建构本研究的理论模型，形成对模型中主效应的初步解释。最后，本书围绕以中国转型经济体制背景为主题进行文献检索，梳理其与企业创新的关系研究，形成对其影响企业创新的理论解释，建构理论模型的调节效应。

1.3.2　结构方程方法

本书通过结构方程的运用，分析权力距离、不确定性规避、个人主义与集体主义、长期导向与短期导向等组织文化维度对企业探索性创新与开发性创新的影响作用，以及企业交易主体体制属性的调节作用。在理论模型建构阶段，主要在搜索、整理和总结国内外相关文献的基础上，构建研究的理论模型。在变量量表开发阶段，首先搜集上述自变量、因变量以及调节变量的成熟量表，进而在深度访谈的基础上对访谈内容采用语意分析方法进行归纳总结，借此对成熟量表进行调整，构建可操作量表并检验其信度。在理论检验阶段，运用结构方程验证理论假设并明确概括研究结论，衡量有关理论、观点和假说的正确性。

1.3.3　案例研究方法

本书采用案例研究方法分析经由实证研究检验的组织文化维度对企业探索性创新与开发性创新的影响作用，着重剖析该作用关系的内在机理。本书选择 2 个主案例企业、4 个嵌入式分析单元，在数据收集过程中通过参与观察、深度访谈等调研方式收集一手数据，借助档案、文件等二手数据形成对一手数据的三角检定，以提高数据的收敛性，增强研究的信度。同时，本研究还将建立案例研究资料库，以提高研究的效度。在数据分析过程中，运用模式对比、建立解释等分析技术，基于复现逻辑形成关于组织文化维度影响企业创新选择的理论命题。

1.4　技术路线

　　本研究以对相关文献的整理与分析为基础，运用以结构方程为主的定量分析与模型检验方法，辅以案例研究方法为主的定性分析，围绕图 1.1 所示的技术路线图展开研究。研究问题的提出来源于对现实问题的观察与对已有文献的梳理，基于此，本书提出理论模型。同时，依据对已有研究成果的整理，本书搜集理论模型中重要构念的成熟量表，并通过探测性的深度调研对量表进行中国情境的改进，以增强构念衡量的信度和效度。据此，本书设计调查问卷，根据所搜集的数据进行统计检验。同时，本书针对探测性调研中的典型案例进行深入的案例研究，丰富对实证检验结果的理论解释，最终依据量化研究与质化研究结论对研究成果进行整理。

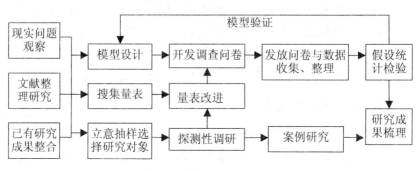

图 1.1　本书的技术路线图

资料来源：作者编制。

1.4.1　立意抽样选择研究对象

　　本书的研究对象是实施了探索性创新与开发性创新的企业。本书的调研对象主要来自三个方面：一是就读于天津各高校的 MBA 学员。这些学员大多是企业的中高层管理者，在日常工作中直接参与或深度接触企业的探索性创新与开发性创新活动，因而是适宜的调研对象。二是天津市滨海新区、新技术产业园区、海泰科技创业产业园区内的企业。出于便利性抽样的考虑，作者借助人脉关系对上述园区机构内的企业进行调研，问卷发放对象主要是企业中从事技术创新活动的主管和创新项目参与人员。三是作者经由朋友关系认识的企业中层管理者与技术创新人员。

1.4.2　问卷与访谈设计

本研究的调研方式主要分为两种：一是针对符合本研究现象的典型案例的调研，二是针对大样本的问卷调查。在第一种调研方式中，本研究主要采用开放式的、有轻度指导的深度访谈以及直接的实地观察等田野调查方式，选取 4 家实施了探索性创新与开发性创新的企业进行重点调查，调研意在作为探测性调研形成后续的问卷设计方案。在第二种调研方式中，在利用文献分析整理的成熟量表基础上，结合探测性调研形成的调研结论，编制调查问卷并设计问卷调研方案，最大限度地确保问卷调查工作的经济性和数据的有效性。

1.4.3　统计分析与模型检验

在实证研究中，首先根据权力距离、不确定性规避等组织文化维度、与企业进行交换的交易主体的体制隶属性以及企业两种创新方式的定义与程度划分标准，对样本数据进行整理、分类与挖掘，明确组织因素与企业体制属性的不同形态与程度。然后，以企业年龄、行业等为控制变量，以企业交易对象的体制属性为调节变量，对组织文化维度影响企业探索性创新与开发性创新的机制进行统计分析。在此基础上，梳理理论研究成果，并结合中国的实际情况给出针对性的对策建议。

1.4.4　案例研究

本书的案例研究主要是针对实证研究结论的补充性、完善性研究，侧重于验证研究结论、深入说明结论的理论内涵，以填补实证研究结论的理论空隙，提高研究结论的理论充裕度。首先，根据实证研究结论选取适宜的案例，最终选择符合结论要求的 2 家企业作为研究对象，而为了增强理论说服力，选取 2 家企业的 4 个创新项目作为嵌入式分析单元。其次，针对 4 个嵌入分析单元，逐一围绕实证研究结论进行分析，并提出理论建构的研究框架，进而在 4 个案例单元间进行跨案例分析，依据复现逻辑形成最终研究结论。

1.5　结构安排与研究内容

本书对主要研究内容进行了如下结构安排（如图 1.2 所示）：

第一章为绪论，通过阐述本书的研究背景与研究意义引出本文的研究问题，同时详述了本书所采用的研究方法与技术路线，以论证本书研究的可行性。

第二章是对现有研究的述评，通过对探索性创新和开发性创新、组织文化维度以及转型经济制度环境的相关文献的梳理与分析，引发针对组织文化维度影响创新方式的深入思考，论证本研究的理论意义。

第三章是在文献分析的基础上建构关于组织文化维度对探索性创新与开发性创新影响的理论模型，围绕权力距离、不确定性规避、个人主义与集体主义、长期导向与短期导向四个组织文化维度建构其影响探索性创新与开发性创新的主效应，以及交易主体体制属性的调节效应。

第四章为研究设计，着重阐述本书的研究方法、数据收集方式、变量的识别与测量以及问卷问项的设计等。

第五章则是采用结构方程方法对第三章提出的理论假设进行验证。

第六章采用案例研究方法，利用两家企业作为案例研究对象，将其中 4 个创新项目组作为嵌入式分析单元，深入剖析了组织文化维度影响探索性创新与开发性创新的过程机理，一方面以典型案例印证实证研究的结论，另一方面利用理论建构的过程研究分析组织文化维度影响探索性创新与开发性创新的中介因素。

第七章是全书的结论，围绕实证研究与案例研究的结论进行深入讨论，就管理启示、学术价值与创新点、研究局限与未来研究展望等问题进行解读。

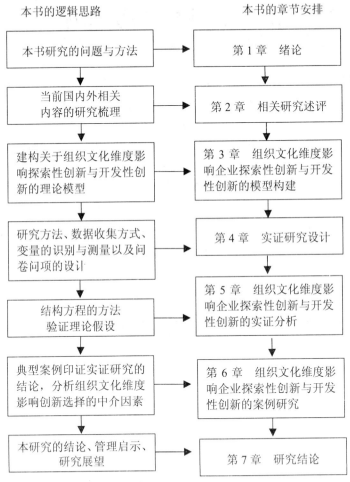

图 1.2　本书的逻辑思路与框架

资料来源：作者编制。

第2章 相关研究述评

近年来，围绕探索性创新与开发性创新的研究不断涌现。已有研究在区别性地剖析探索性创新与开发性创新的内涵基础上，着重从两种创新之间的关系及其对企业绩效的影响两个方面展开研究。关于探索性创新与开发性创新的关系，已有研究呈现出不一致的研究结论，即围绕悖论关系与互补关系展开争论；而对于究竟哪种创新更有利于企业绩效的提升，研究结论也不一致。更重要的是，已有研究多从技术、知识、顾客的角度探讨两种创新的关系及其绩效作用机制，鲜有从组织文化层面的研究。本研究认为，应在组织文化层面深入剖析组织文化维度对两种创新方式的影响，以挖掘两种创新方式的运行机理与绩效作用。

2.1 探索性创新与开发性创新

2.1.1 探索与开发概念的提出

探索与开发的思想（March，1991）已经作为一个重要的主题在组织学习与战略领域（Levinthal & March，1993；Vera & Crossan，2004）、创新领域（Danneels，2002；Lee et al.，2003，Rothaermel & Deeds，2004）和创业领域（Shane & Venkataraman，2000）兴起。相关研究都主张组织需要变得更具有双元性，即探索与开发的共存性和共生演化特征（Gibson & Birkinshaw，2004；He & Wong，2004）。更进一步，对于探索性创新与开发性创新的概念界定正是建立在对于组织的探索与开发活动认知的基础之上。

从理论层面认可探索与开发概念的研究可追溯到马驰（March）于 1991 年撰写的文章，该研究意在回答为什么企业无法获得持续性成长的问题。当时，众多学者都认可企业生命周期的长短与企业规模大小没有直接关系，研究也发现即使在世界历史上经济比较繁荣的时期，美国每年仍有 10%的企业会倒闭。汉娜（Hannan，1997）在研究 1912 年至 1995 年世界最大规模的公司时发现，在这 83 年期间只有 20 家企业一直存在于他的研究名单中，而这 20 家企业中大部分是一些没有经过剧烈变化的企业。大公司拥有了更加丰富的财、物、知识等资源，理论上应该可以做得更好，但他的研究证据显示多数企业生存时间并不长，更容易失败。

马驰（March，1991）针对这一难题提出，一个企业能够长期存活下来的核心能力是：一方面，通过不断地利用现有的资产和地位获得利润；另一方面，通过探索新的技术和市场来配置或重新配置组织的资源，以期抓住现在和未来的机会。在马驰看来，这是企业能够长期生存的核心要素。那么，一个组织所面临的根本问题就是一方面进行充分的开发以保证企业的基本生存需要，另一方面需要投入足够的资源进行探索确保企业未来的发展。马驰（March，1994）指出，这不是像生物进化理论所描述的那样：变异—选择—保留，而是他所谓的"进化工程"。仅进行开发活动会使企业能力僵化并且陷入思维惯性，这样达到的是一种次优的均衡状态，而另一方面，如果单独进行探索活动而放弃开发活动则会耗费很多实验资源而徒劳无功①。

因此，探索与开发概念的提出有助于从价值活动的角度解释企业成长，且深入到创新性价值活动层面解读企业成长的可持续性，有助于挖掘企业成长的深刻内涵，丰富企业成长理论。

2.1.2 探索性创新与开发性创新的内涵

在创新研究领域，学者们从不同的理论视角尝试对创新进行解释，但基于探索与开发的视角对创新的类型化研究才刚刚起步。主流观点

---

① March, J.G. Exploration and Exploitation in Organizational Learning [J]. Organization Science, 1991, 2(1): 71-87.

认为，探索性创新与开发性创新是两种性质不同的创新方式，他们隶属于创新这个不连续体的两端且共同争夺企业的稀缺资源，所以唯有对其进行协调平衡才能确保企业短期绩效与长期绩效的提升，保持企业持续的发展。马驰（March，1991）认为开发性创新与现有能力的精炼有关，而探索性创新却与寻求新知识和新机遇有关。两种活动均可以看作企业获得持续竞争优势与持续发展生存所必须的。本纳和特希曼（Benner & Tushman，2003）认为这是两种不同性质的创新，不能混淆：如果企业现有的创新活动与公司之前用于创新的知识基础相偏离的程度越大，则该创新越具有探索性；相反，如果企业创新活动与公司现有的知识相关联的程度越大，则该创新更具有开发性（March & Simon，1958；Weick，1979）。这意味着，从事探索性创新的组织单位往往会去寻求新知识、为新客户或市场开发全新的产品与全新的服务，而从事开发性创新的组织单位则依赖于已有的知识与技术，为已有的客户开发延伸产品或服务[①]。这种二分法区分开了基于公司现有知识的创新和未基于公司现有知识的创新（Serensen & Stuart，2000；Rosenkopf & Nerkar，2001）。

在实践中，创新研究人员对于开发性创新与探索性创新的判断往往通过区分专利技术是建立在之前的技术基础之上还是并没有基于以前的专利技术。这种途径暗示出一种假设，真正的探索是一种增加多样性的活动，这种活动需要远距离搜索，并且产生对公司现有技术和能力的背离。这种作为远距离搜索的探索活动的想法，可以扩展到在一个连续体中描述一个企业的创新活动，通过公司先前创新知识的应用程度来测量。

按着二分法的思路，学者们从不同的理论视角对探索性创新与开发性创新进行了界定。首先，从过程的角度来看，很多学者将这两种活动作为创新的发展与实施的不同阶段。第一个阶段以诸如风险承担、寻找替代品（Ducan，1976）这样的探索性活动为特征，第二个阶段则以诸如验证（Cheng and Van De Ven，1996）、精炼与实施（Ducan，

---

① Lavie, D. Balancing Exploration and Exploitation in Alliance Formation [J]. Academy of Management Journal, 2006, 49(4): 797-818.

1976）这类开发性活动为特征。这种对于探索性创新与开发性创新的区分在概念上与传统的基础性或应用性研究，或者产品开发中的 R&D 活动的分类是不同的。

其次，从创新的意图来看，一些学者将这两种创新与突破性创新和渐进性创新建立对应关系。探索性创新就是突破性创新，其意图在于满足新兴市场或客户的需求（Danneels，2002；Benner & Tushman，2003）。他们提供新设计、创造新市场并开发新的分销渠道（Abernathy & Clark，1985）。因此，探索性创新需要新知识或者脱离现有技术（Levinthal & March，1993；McGrath，2001；Benner & Tushman，2002）。相反，开发性创新是渐进性创新，其意图在于满足现有客户或市场的需求（Danneels，2002；Benner & Tushman 2003）。他们拓展现有知识和技能，提升现有设计，延伸现有产品和服务，增加现有分销渠道的效率（Abernathy & Clark，1985）。因而，开发性创新的开展是建立在现有知识和强化现有技能、流程和结构的基础之上（Abernathy & Clark，1985，Levinthal & March，1993；Lewin 等，1999；Benner & Tushman，2002）。正如本纳和特西曼（Benner & Tushman，2002）所指出的，探索性创新与开发性创新的重要来源都是对新知识的获取与学习，只不过开发性创新关注点在于针对原有技术基础的改造与提升，而探索性创新则是对于原有技术的转换与突破①。

最后，从实施角度来看，学者们强调了两种创新在企业中实践的相对性。詹森等（Jansen et al.，2006）认为，企业将创新分为探索性创新与开发性创新，这种分类视角体现了企业在战略方面的主动性。探索性创新与开发性创新的实施是企业针对自身的结构、技能、渠道、流程等方面进行的创新，而非相对于其他企业，所以对于某个企业来讲，它所从事的探索性创新可能对于其他企业来讲即为开

---

① Benner, M.J., Tushman, M.L. Process Management and Technological Innovation: A Longitudinal Study of the Photography and Paint Industries [J]. Administrative Science Quarterly, 2002(47): 676-706.

发性创新[①]。因此，从这个角度来说，探索性创新与开发性创新活动是企业为了更好地适应外部环境的变化以及更好地利用现有知识与技能所从事的创新活动，这一分类更能体现企业的主动性（He & Wong，2004）。而国内学者孔继红和茅宁（2007）则强调，探索性创新与开发性创新是两类性质截然不同的活动。探索性创新得以满足未来即将出现的市场需求，其特征包括诸如搜索、变革、风险承担、试验等，是冒险型活动；开发性创新则是效率导向型创新，旨在满足当前市场需求与现有顾客的利润目标，其特征包括诸如改善、效率、选择等。

　　从上述相关学者的研究结论中可以看到，作为两种不同性质的创新，探索性创新与开发性创新在很多方面都存在着显著的差别，如表2.1所示。

表 2.1　探索性创新与开发性创新比较

比较类别	探索性创新	开发性创新
创新目标	满足新兴市场或客户的需求	满足现有客户或市场的需求
知识基础	新知识或者脱离开现有技术；实验，经验的多样性	现有知识和强化现有技能、流程和结构；可靠的经验
创新风险	高风险	低风险
创新结果	获得变革，高变化性的结果	获得稳定，低变化性的结果
组织结构	高复杂性、低规范化、低集中化	低复杂性、高规范化、高集中化
组织文化	低不确定性规避、低权力距离	高不确定性规避、高权力距离
创新特征	改善、选择、生产、效率、执行等	搜索、变革、风险承担、试验、发现等
创新结果	提供新设计、创造新市场并开发新的分销渠道	延伸现有产品和服务，增加现有分销渠道的效率
环境匹配	动态和混乱的环境	稳定和可预测的环境

　　资料来源：李剑力. 探索性创新、开发性创新及其平衡研究前沿探析. 外国经济与管理. 2009（3）：24.

　　古普塔等（Gupta et al.，2006）则并不赞同将探索性创新与开发

① Jansen, J.P., Bosch, F.J., Volberda, H.W. Exploratory Innovation, Exploitative Innovation, and Performance: Effects of Organizational Antecedents and Environmental Moderator [J]. Management Science, 2006, 52(11): 1661-1674.

性创新进行严格区分的观点，他指出仅仅依据创新的手段与程度的不同进行创新的区分是有局限的。实际上，马驰（March，1991）指出作为两种功能迥异的活动，探索性创新与开发性创新对于组织内部的稀缺资源来讲是一种竞争关系[①]。可是，这种竞争的激烈程度会伴随组织冗余资源的丰裕程度的增强而逐渐减弱，这时候组织双元性的实现就成为可能。李剑力（2009）也指出，当处于同一领域或者单元内，这时资源是稀缺有限的，此时探索性创新与开发性创新会由于相互争夺有限的资源而处于竞争的状态，即它们的关系是矛盾的；但当二者处于规模较大或者关系松散的单元里，却有机会形成统一体的不同维度，同时其关系呈现出共存共荣的态势。

综上所述，虽然很多学者尝试对两种创新形式的内涵进行区分与界定，但并没有形成统一的结果。根据《韦氏词典》对创新的解释，结合熊彼特、德鲁克等人对创新的认知，创新实际是指产生经济价值的发明或创造。所以作为创新的两种不同形式，它们都在于产生新思维并将其运用到组织的新产品、新流程或新的运作过程中进而对组织产生有利的影响，只是这种创造性破坏的程度存在差异，这也即两种创新形式产生的根本原因。

2.1.3 探索性创新与开发性创新的关系

自马驰（March，1991）首次将组织学习活动进行探索与开发的区分之后，这两种创新形式便以成对的方式出现于各类文献之中，与此同时关于探索性创新与开发性创新之间的关系研究也逐渐引起学者们的兴趣与关注。目前学术界不论是理论推演还是实证分析的文献中，关于二者关系的讨论并没有得到一致的结论，但已有研究呈现出如下两种脉络特征：

1. 悖论关系

数十年来，研究组织的学者一致认为组织的长远绩效既需要探索性创新也需要开发性创新（March，1991；Ghemawat & Costa，1993；

---

① March, J.G. Exploration and Exploitation in Organizational Learning[J]. Organization Science, 1991, 2(1): 71-87.

O'Reilly & Tushman，1997）。马驰（March，1991）也指出探索和开发是任何组织生存所必需的，是创新的最本质的东西。但自马驰（March，1991）在《组织学习中的探索与利用》首次将探索与开发视为两种互不相容的活动后，关于探索性创新与开发性创新的矛盾与相悖的关系一直是学者们关注的重点。

（1）两种创新对组织稀缺资源的争夺

虽然探索性创新和开发性创新对组织都很重要，但是他们会围绕稀缺的组织资源展开竞争。这种竞争包括外部竞争和内部竞争。外部竞争就是组织之间相互竞争稀缺的环境资源和机会（客户或政府补贴），内部竞争是组织内相互竞争稀缺的组织资源和机会。因此，组织需要在两者之间做出选择，这就使得两种创新形式的资源分配上遭遇两难困境，即同时提高"开发现有机会的适应性"和"开发未来机会的适应性"两者的矛盾[①]。

（2）两种创新对组织要素存在差异需求

奥莱利和特普曼（O'Reilly & Tushman，2008）研究发现促进探索性创新与开发性创新实现的组织设计元素是不同。促进探索性创新的组织是分散且有机的，而那些促进开发性创新的组织却是集中且机械的[②]。实际上，每个组织的设计需要其自身的独特性与互补性要素，如结构、激励措施以及文化。基于此，想要设计一个组织在探索性创新与开发性创新同时实现期望绩效，被视作难度非常大或者说根本就不可能（O'Reilly & Tushman，1997，2004，2008；Gibson & Birkinshaw，2004）。也即，实现开发性创新的组织要素对于那些实现探索性创新的组织要素会产生负面的外部效应，反之亦然。管理者如果试图同时实现探索性创新与开发性创新就会面临一个自相矛盾的情况。

（3）两种创新失衡会产生不良后果

马驰（March，1991）认为在探索和开发之间存在着一种张力。一方面，对现有环境的适应会产生结构惯性和减少对未来环境变化的

---

① March, J.G. Exploration and Exploitation in Organizational Learning[J]. Organization Science, 1991, 2(1): 71-87.
② O'Reilly, C.A., Tushman, M.L. Ambidexterity as a Dynamic Capability: Resolving the Innovator's Dilemma[J]. Research in Organizational Behavior, 2008(28): 185-206.

适应能力（Hannan & Freeman，1984）。另一方面，试验新的可能性降低了现有能力的改善和提高的速度（March，1991）。一个失败的探索性创新可能会扰乱企业在现有领域中的成功范式，而缺乏在新领域中的成功去补偿在现有领域中的损失（Mitchell & Singh，1993）。这种张力可能会导致企业陷入加快探索性创新或开发性创新的陷阱（March，1991；Levinthal & March，1993）。在此基础上，有研究从组织学习角度予以解释。如伦纳德和巴尔通（Leonard & Barton，1995）指出组织学习的自我强化本质会导致企业维持现有的关注和现有的能力而不管环境的变化，由此把企业的核心能力变成了核心刚性，为了对抗这种由于过度开发而产生的组织短视（Radner，1975）和能力陷阱，这就要求"超越本地搜索"。同时，利文索尔和马驰（Levinthal & March，1993）也指出，探索与开发之间的张力可能会导致相当于破坏的过度探索。失败导致搜索和变化，再失败、再导致更多的搜索，如此循环往复。因此，一些创新公司没能在市场上赢得成功的部分原因在于它们不断地探索新的产品和不熟悉的市场，而没有对它们现有的能力和市场投入足够的资源进行开发。

　　由于两种创新形式分别处于组织行为连续统一体的两端，因此过分关注任何一种创新都会让另一种创新受损（March，1991）。一方面，开发性创新由于是在巩固已有成果的基础之上，所以更易获得成功，企业会在同一领域或者方面持续关注，很容易出现思维惯性与能力僵化，从而陷入成功陷阱；另一方面，企业为了获得更多的变革机会进而会努力探索新的创新机会，也即从事更多的探索性创新，因为探索性的结果与开发性创新相比往往需要很长时间才能实现，同时蕴含更多变化，并且产生较低的平均回报，这使得企业很容易陷入"探索—失败—没有回报—再探索"的恶性循环，从而落入失败陷阱。后续很多学者的研究都是以马驰（March，1991）的观点为基础进行拓展的。

　　（4）开发性创新对于探索性创新的排斥

　　艾伯纳西（Abernathy，1978）强调了企业面临着为了获得效益的活动和为了获得灵活性及适应性的活动之间的矛盾。企业会由于来自组织惯性的压力，即不可改变的管理条例或历史决策等内部的因素以及制度合法性（Hannan & Freeman，1984）等外部因素而选择开发性创新，与此同时，必然会对探索性创新进行排斥（Leonard & Barton，1992）。

克里斯坦森（Christensen，1997）认为基于技术的破坏的特性，探索性创新与开发性创新活动必须完全分离开来。坎特（Kanter，1988）在创新阶段的模型说明相混合的活动要求在创新过程期间，创新过程不再是每个阶段经过讨论直到有新想法的出现（Waldman & Bass，1991），而要扩展到更广泛的范围，要和创新成果的最终结果结合。萨克利夫（Sutcliffe，2000）则更为形象地说明开发性创新是以牺牲探索性创新为代价的。本纳和库什曼（Benner & Tushman，2002）通过摄影和喷漆行业大样本纵向研究证明了萨克利夫（Sutcliffe，2000）的观点，即增加对流程管理活动的应用，可以大大提升企业的效率，而与此同时是以牺牲探索性创新为代价的。

在企业实际运营过程中，开发性创新带来的收益是确定的、积极的、及时的、明显的，探索性创新所带来的结果是未知的，即便可以获得收益，也是高风险和不确定的（Levinthal and March，1993；Christensen，1997）。探索性创新与能够带来短期的明显绩效提升的开发性创新活动相比，越来越没有吸引力（Henderson et al.，1998）。开发性创新短期的确定性通过引起对实验投资的减少而挤出探索性创新与学习（March，1991；Levinthal & March，1993）。实证研究也表明开发性创新活动会排挤探索性活动（Sorenson & Stuart，2001；Benner & Tushman，2002）。

可见，探索性创新与开发性创新是矛盾的相互排斥的关系[①]。企业会由于开发性创新更显而易见的收益性及其相对探索性创新的低风险性而更倾向于以牺牲探索性创新为代价，进而选择开发性创新（Sutcliffe，2000）。马驰及其追随者关于探索性创新与开发性创新相互矛盾的观点成为学术界关于二者关系的主流观点（Gupta，Smith &

---

① Benner, M.J., Tushman, M.L. Process management and technological innovation: A longitudinal study of the photography and paint industries[J]. Administrative Science Quarterly, 2002(47): 676-706.

Shalley，2006)，而后续的诸多研究也是以此为前提展开的。

2. 互补关系

虽然学术界的主流观点认为，探索性创新与开发性创新分处于组织行为的两端，存在相悖的关系(李剑力，2009)，但是古普塔等(Gupta，Smith & Shalley，2006)始终与马驰等学者持相反的意见，认为由于二者在创新本质层面的共性而不能将其进行严格区分。更进一步，当组织可以借助外部资源的时候，探索性创新与开发性创新二者之间的关系非矛盾竞争关系，而是同属于组织行为连续统一体的两个不同维度而已[①]。很多学者也赞同古普塔等(Gupta，Smith & Shalley，2006)的观点，认为并不能将两种创新形式进行绝对的划分，进而开始去探求证明两种创新形式相容互补的证据。

站在一个不同于马驰(March，1991)观点的新视角，卡迪拉和阿胡亚(Katila & Ahuja，2002)指出两种创新形式并非必然争夺企业资源，当两种创新关注与搜索的维度不同时，它们的关系就非矛盾的、对立的，更不会形成对企业资源的竞争。例如，开发性创新倾向于对某种技术的重复应用，即关注技术创新的深度；探索性创新倾向于突破原有技术的创新，即关注技术创新的范围。古普塔等(Gupta，Smith & Shalley，2006)将探索性创新和开发性创新作为独立的活动来研究，认为这二者之间是相互正交的，这样企业可以同时开展这两项活动，并且使他们都达到一个较高的水准[②]。以思科为例，古普塔等(Gupta，Smith 和 Shalley，2006)指出通过企业内部价值链的分解，有针对性地对于价值链环节的不同活动采取不同的创新形式，分别投入不同的资源，可以有效实现探索性创新与开发性创新的相容互补。在思科，研发部门采用探索性创新的形式，积极开发新产品，提高企业的竞争力，而同时在与其配套的其他环节，如市场营销与售后服务等则采用开发性创新，不仅有效避免了两种创新形式对企业资源的争夺，而且还可以让探索性创新与开发性创新并存且有利于企业绩效的提升。

---

① Gupta, A.K., Smith, K.G., Shalley, C.E. The interplay between exploration and exploitation[J]. Academy of Management, 2006, l49(4): 693-706.

② Gupta, A.K., Smith, K.G., Shalley, C.E. The interplay between exploration and exploitation[J]. Academy of Management, 2006, l49(4): 693-706.

　　从实践层面来看，开发性创新和探索性创新可能在互补的领域内（如技术和市场）同时出现，这时他们之间就不存在对相同资源的竞争（Brown & Eisenhardt，1997），企业可以利用持续的关注和固定的节奏在开发性创新和探索性创新之间切换。最近，伯格曼和格鲁夫（Burgelman & Grove，2007）通过针对英特尔（Intel）企业纵向的研究也验证了上述结论。有些研究人员指出开发性创新和探索性创新过程实际上可以相互支持，并且因为一些相关因素他们之间可能产生杠杆作用。高度的开发性创新可能会促进企业在探索性创新新知识和开发性创新新资源（对应于新产品和新市场的资源）方面的效果。因为通过反复使用现有知识和资源，管理人员可以更清楚地意识到这些资源在企业内部位于何处，并且可以更深刻地理解现有知识和资源的功能。这种深刻的理解带来的其中一个结果是，企业会变得更有能力对其控制的现有知识和资源进行重组，也会更具发现新产品和新市场的敏锐性（Kogut & Zander，1992；Fleming，2001）。例如，伯格曼（Burgelman，1994）描述英特尔（Intel）管理者是怎么样利用已经创立的存储器芯片业务和对市场动向的理解，更早地去辨别并抓住微处理器行业这一持续性优势领域的。同样，企业若对开发性创新过程精通的话，那它就可以更好地认知和吸收新的外部知识与资源（Qing cao et al.，2009）。

　　更进一步，如果一个企业对探索性创新过程精通的话，那它在开发性创新中就更容易取得成果（Qing cao et al.，2009）。由此来看，在产品和技术领域成功的探索性创新能提高处于互补领域内的开发性创新的效果。例如，苹果公司一改多年颓废的经营状态，重新建立了其品牌优势地位，这主要得益于 ipod 产品线的大获成功，并且这一成功带动了包括硬件和软件业务在内的相关传统业务的发展。成功的探索性创新非但不会与开发性创新抢夺企业资源，相反，探索性创新所获取的更多外部知识与资源可以成为开发性创新的能力支撑，提高了开发性创新过程的有效性。在这方面，美国联合包裹托运企业对新业务单元的探索性创新为现有员工和新员工提供了大量的全新供应链和物流服务业务，从而进一步扩大了其传统的核心包裹投递业务，形成了规模经济。

因此，从众多学者的观点中可以看到，探索性创新与开发性创新之间并不存在着特定的关系。决定它们之间是相互补充还是矛盾冲突的关系，关键在于二者是否竞争企业的稀缺资源。如果构成竞争，则表现出对立、相悖的关系；反之，则形成互补关系。两种创新形式决定了企业资源的分配和对两种创新协调的形式，而后续研究可以在充分比较两种不同创新形式的基础之上，探讨何种因素会对企业创新行为的选择造成影响，以及它们之间的相关程度，从而推动两种创新在企业内部的协调发展。

2.1.4 探索性创新与开发性创新的平衡与协调

瑞弗金和西格尔科（Rivkin & Siggelkow，2003）强调"一个组织需要达到探索与开发之间的平衡"。就平衡两种创新而言，现有的研究揭示了标准假设和行为倾向之间的一个鲜明的对比。在实践工作中，关于企业是否应该努力平衡探索性创新和开发性创新的处理方式与企业平衡这些活动时的表现是不一致的。从一方面讲，研究人员普遍认为企业应该追求二者之间的平衡，因为短期的生产力和长期的创新能力对于组织的成功是必不可少的（March，1991）。它们催促企业追求效益和效率，整合组织的更新和稳定，这是可以通过相应地提高探索和开发能力获得的；另一个方面，不良结果、适应过程中的自我毁灭以及失败和成功的陷阱可能导致额外的探索和开发，结果会导致它们的不平衡（Levinthal & March，1993）。因此，在实践中研究人员很早就发现了同时选择两种创新活动时企业会面临的阻碍，并且强调了为了获得效益的活动和为了获得灵活性及适应性的活动之间的矛盾（Abernathy，1978）。所以实现高组织绩效、解决这一基础悖论的根本就是实现二者的平衡与协调（Pandey & Sharma，2009）。

1. 平衡与协调的途径之一——间断均衡

间断均衡的理论最早是由古生物学家古尔德提出的（Gould，1980），他认为生物的进化并非是一个缓慢的逐渐积累渐变的过程，而是一个长期的稳定与短暂的变革相互交替的过程。古普塔和史密斯（Gupta & Smith，2006）认为企业可以通过间断均衡的方式获得探索性创新与开发性创新的均衡。即在组织创新过程中，先通过长期的开发性创新之后再从事短期的探索性创新，也即一段比较长时间的开发性创新与较短时间的探索性创新交替间断出现，循环往复。库什曼等人（Tushman & Romenelli，1985）验证了美国微型计算机产业间断均衡模型，并指出绝大部分的探索性创新是通过对组织中的大部分或者全部的活动进行调整与改变，同时通过快速且不连续的变革获得成功的；进行开发性创新的时候，会对组织策略、组织结构、组织权力配置等方面实施改变，但这种小范围的调整并不会积累形成企业的转型，探索性创新并不能通过开发性创新的积累得以实现，因为两者并不隶属于同一层面。盖尔西克（Gersick，1991）认为间断模式强调在发展演进的过程中，并非总是持续渐进的，而是渐进与跃进并存的过程，长时间的渐进性的小规模的变化，往往会由于受到不连续的间断的技术变革的影响而中断。伯格曼（Burgelman，2002）则借助这一思维，通过利用英特尔（Intel）的管理经验数据进行研究，指出间断均衡模式是平衡探索性创新与开发性创新的一个更具操作性的协调机制。

2. 平衡与协调的途径之二——分离模式

除了间断均衡的观点，也有很多学者倾向于通过分离模式的途径来实现两种创新形式的平衡与协调。分离模式强调为确保二者之间不受影响，应该将探索性创新与开发性创新安排在两个单元各自运作。瓦伯达等人（Volberda et al.，2001）建议应该从组织管理层次上进行分离，基于不同层次管理者管理职能的差异进行创新方式的分离。高层管理者更多关注公司战略目标的制定与选择，而基层管理者更多关注执行与领导激励。所以，两种创新形式的分离模式表现为将探索性创新的工作交由高层管理者，基层管理者应该把注意力集中在开发性创新，中层管理者则做好均衡工作。本纳和库什曼（Benner & Tushman，2003）也赞同不同组织单元间探索性创新与开发性创新的安排更有助于二者的平衡。

杜坎（Ducan，1976）指出两种创新形式可以通过在时间执行上的分离来实现平衡与协调。库什曼等人（Tushman & Anderson，1986）也赞同应该在不同的时期实施探索性创新与开发性创新，这样可以避免两种创新形式的弊端，同时二者平衡的实现可以有助于企业绩效的提升。

2.1.5 探索性创新与开发性创新对企业绩效的影响

按照马驰（March，1991）的观点，企业在探索性创新和开发性创新平衡的条件下可以构成一个自适应系统。企业可能会在一个特定的组织领域强调探索性或者开发性，但是随着时间的推移，在跨领域间这两种创新之间的平衡将能够实现。从现有文献中可以看到，同时追求两种创新形式的重要性不断被提及，关于创新会促进企业绩效的提升这一观点已经得到相当数量的实证研究的支持。

很多研究针对不同创新方式对于企业绩效的影响进行了验证，例如突破性创新与渐进性创新、过程创新与产品创新等（李剑力，2009）。但是对于从探索与开发的角度，同时考察两种创新形式对于企业绩效结果影响的实证研究并不多见，并且由于众多对探索性创新和开发性创新的研究都局限于某一个领域，这样会忽视其在相互影响的各个领域中引发冲突的组织压力，所以学者关于探索性创新与开发性创新以及上述两种创新之间的相互作用对于企业绩效的影响并没有取得一致的研究结论，但很多学者已经就探索性创新与开发性创新之间的相互作用对不同类型企业的绩效产生重大影响这一观点达成共识。学者们关于两种创新形式及其相互作用对绩效影响的观点的分歧正显示了这种影响效果的多样性，也突出了两种创新形式对于企业绩效影响效果的复杂性。近些年来，相关学者尝试引入第三方变量，从不同角度对两种创新形式及其平衡对企业绩效的影响进行考量（张建宇，2010）。

从研究结果来看，大多数研究支持了探索性创新与开发性创新对企业绩效提升的正向作用。例如，伊泽贝尔等人（Isobe，Makino & Montgomery，2005）通过对日本大阪的 302 家中小制造企业进行调查后发现，开发性创新对于企业的运营效率存在着显著的正面影响，即企业更多从事开发性创新会有助于企业运营效率的提升；同时发现，企业探索性创新的程度与企业的绩效存在着正相关关系，即企业从事探索性活动程度越高，企业绩效越能得到提升[①]。也有研究进一步挖掘了两种创新影响企业绩效的边界条件，如詹森等人（Jansen，Bosch & Volberda（2006）针对大型欧洲金融服务企业的 115 个独立分支机构中的 283 家组织单元的数据进行实证研究，结论指出企业所从事的探索性创新与开发性创新对企业绩效的影响会受到环境的调节作用。同时，研究还发现，企业所从事的探索性创新活动对企业的财务绩效产生正向影响的同时，还会侵蚀企业的冗余资源。虽然詹森等人（Jansen，Bosch & Volberda，2006）的研究表明环境因素会影响一个组织的双元性创新，但其并没有说明是否有一个恰当值存在于环境因素与探索性创新和开发性创新的水平之间，并且这个恰当值是否可以带来高于平均水平的企业绩效。研究还表明，大型金融公司的分支机构会通过区分探索性创新与开发性创新的单元来解决来自地方环境的不同的影响[②]。

　　然而，也有研究结果表明，影响企业绩效的不是探索性创新与开发性创新中的一种，而是二者的平衡。如赫等人（He & Wong，2004）通过调查新加坡和马来西亚共计 206 家制造企业发现，两种创新之间的平衡可以提高销售增长率，但是如果探索性创新与开发性创新之间失去平衡则会降低销售的增长率。卡迪拉等人（Katila & Ahuja，2002）将企业新产品研发作为被解释变量，将探索性创新与开发性创新作为解释变量，通过实证研究发现探索性创新与开发性创新两者的共同作用与企业新产品的研发之间存在显著正相关的关系。而且，这种影响的内在机理可能并非线性关系那么简单。如古普塔等人（Gupta，Smith & Shalley，2006）则通过实证研究提出，当探索性创新与开发性创新同处于一个共同的组织单元或者某一领域的时候，由于资源的稀缺性，此时探索性创新与开发性创新有可能同处于创新连续体的两端，企业长期绩效由于受到两种创新形式的影响，将呈现倒"U"的关系；而

① Isobe, T., Makino, S., Montgomery, D.B. Exploitation, exploration and firm performance: The case of small manufacturing firms in Japan, Working Paper, Institutional Knowledge at Singapore Management University, 2005, 10.

② Jansen, J.J.P. Exploration and exploitation in technology marketing: building the ambidextrous organization[J]. International Journal of Technology Marketing, 2005(1): 5-6.

当组织或更大的系统有能力同时兼顾两种创新，即当探索性创新与开发性创新交叉共容的时候，某一领域的较高水平的探索性创新与其他领域的较高水平的开发性创新同时存在则更有利于企业的长期绩效[①]。

本书对已有文献中关于探索性创新与开发性创新对企业绩效的影响进行了总结与归纳，如表 2.2 所示。

表 2.2　探索性创新与开发性创新对企业绩效的影响

研究者	年份	样本与方法	因变量	主要结论
卡迪拉等人（Katila & Ahuja）	2002	日本、美国、欧洲 124 家机器人制造公司，问卷调查的方式	企业新产品研发	探索性创新与开发性创新两者的共同作用与企业新产品的研发之间存在显著正相关的关系
赫等人（He & Wong）	2004	新加坡和槟榔屿 206 家制造企业，问卷调查的方式	销售增长率	探索性创新和开发性创新两者平衡则正向影响企业销售增长率
伊泽贝尔等人（Isobe，Makino & Montgomery）	2005	日本大阪 302 家中小制造企业，问卷调查的方式	运营效率、企业绩效	开发性创新与运营效率的正相关性比较显著，而探索性创新和企业绩效的正相关性比较显著，并且这两种创新呈相互促进关系
詹森等人（Jasen, Bosch & Volberda）	2006	大型欧洲金融服务企业的 115 个独立分支机构中的 283 家组织单元的数据，文献整理的方式	企业绩效	探索性创新活动不仅仅会对企业的财务绩效产生正相关的影响，反而会侵蚀企业的冗余资源

资料来源：作者根据资料整理。

从已有文献中可以看到，探索性创新和开发性创新影响企业绩效内在机理的研究还不够深入，有关双元性组织如何协调探索性创新和开发性创新的研究仍然有足够的空间。几乎没有有关是否采纳不同的协调机制来发展开发性创新和探索性创新的系统证据。虽然先前的研

[①] Gupta, A.K., Smith, K.G., Shalley, C.E. The interplay between exploration and exploitation[J]. Academy of Management, 2006, l49(4): 693-706.

究主张组织先例会差异化影响两种创新（Benner & Tushman，2003；
Hill & Rothaermel，2003），而对突破性和渐进性创新这两种类型创新
关系的实证研究结果是综合的（Cardinal，2001；Damanpour，1991；
Ettlie，1984；Dewar & Dutton，1986）。因而，似乎组织单元对探索性
创新和开发性创新使用不同协调机制的中心原则仍然未经证明。综合
的研究结论可能源于以往的研究将企业或经营单位作为分析单位，忽
视了双元性组织可能会在组织单元层面上区分协同机制的事实。而且，
已有的研究倾向于关注正式的科层结构，因而忽视了非正式社会关系
在协调开发性创新和探索性创新中日益增长的重要性（Subramaniam
& Youndt，2005）。比如，有些研究人员认为除了正式控制和非正式的
社会关系决定了两种创新得以发展的程度外，采用整合模型对正式科
层结构和非正式社会关系对两种创新的影响仍未被研究。

2.1.6　探索性创新与开发性创新的影响因素研究

当前研究中，关于组织创新影响因素的文献并不少见，且多数聚
焦于知识、技术等对创新活动的影响。但是，集中于探索性创新与开
发性创新影响因素的有针对性的实证研究并不多见。

企业只有在适当的组织情境下，才能产生更多的创新行为，并且
在这些情境中，创新受到一些因素的影响，这些因素对于探索性创新
与开发性创新选择的影响也是不同的（Martins & Terblanche，2003）。
麦格拉斯（McGrath，2001）通过针对 56 个新企业的发展研究中指出，
具有高度自主权的组织更倾向于选择探索性创新，其创新行为也会更
有效。利文索尔等（Levinthal & March，1993）与勒温（Lewin，1999）
则强调竞争者参与竞争的数量及其涉足的竞争领域的范围大小，即环
境的竞争力会对企业的探索性创新与开发性创新产生影响，同时，研
究证实环境的动态性也会影响探索性创新与开发性创新的选择。吉布
森等人（Gibson & Birkinshaw，2004）则通过实证研究证明了如果组
织在拓展、支持、信任等方面做到了有效的互动匹配，组织的探索性
创新与平衡性创新相平衡的水平就比较高。盖革等人（Geiger & Makri，

2006）进一步指出组织可恢复冗余资源与可利用冗余资源会影响组织对两种创新形式的选择。

组织规模与结构也会对企业探索性创新与开发性创新选择产生影响。詹森等人（Jasen et al. 2005）发现，具有分权化特点的组织单元更倾向于追求探索性创新以响应外部环境变化。詹森等人进一步将组织单元科层结构两个主要要素：集权化与正规化（Zmud，1982；Miller & Droge；1986；Cardinal，2001；Lin & Germain，2003）以及企业内部不同成员的关联程度作为创新的前置变量，考量它们对于探索性创新与开发性创新的实施所产生的影响。研究结果表明，因为探索性创新要求非常规的问题解决方案，并且偏离了现有知识，决策制定的集权化可能降低了探索性创新，但却增加了信息处理的效率并促进了开发性创新；组织正规化程度越高，探索性创新的水平越低，而开发性创新的水平越高[①]。

而更多的研究则是从联盟的角度来探讨联盟形式对企业进行探索性创新以及开发性创新选择的影响。联盟是各个独立的企业自愿形成的合作组织，包括相互交流分享、共同开发或者对技术、产品、服务的相互提供（Gulati，1995），这已经成为企业值得重视的进行探索性创新与开发性创新的工具。研究者们经常将联盟比作创新和新能力的源泉（Hamel，1991）。很多研究显示公司嵌入联盟网络可以提高其学习和创新能力（Doerr，1999；Soh，2003）。科扎等人（Koza & Lewin，1998）指出企业可能形成联盟去开发现有的知识或者去探索新的机会。迪特里希和戴思特斯（Dittrich & Duysters，2007），以及诺特布姆等（Noteboom & Gilsing，2006）所开展的个案研究也强调了联盟网络结构与网络多样性在探索知识创新方面的影响。拉维（Lavie，2006）则从联盟的角度探讨了企业在企业间联盟形成决策中，探索性创新与开发性创新进行平衡的原因以及所采用的方式。企业由于要遵守联盟中的价值链的功能、合作伙伴的特质以及在整个联盟网络中合作伙伴所

---

① Jansen, J.P., Bosch, F.J., Volberda, H.W. Exploratory innovation, exploitative innovation, and performance: Effects of organizational antecedents and environmental moderators [J]. Management Science, 2006, 52(11): 1661-1674.

处的位置，因此吸收能力和组织惯性会对企业中探索和开发的相互冲突的压力产生影响[1]。

菲尔普斯（Phelps，2010）开展的有关联盟网络组成与结构对公司探索性创新影响程度的纵向研究指出，这些优势促进了组织进一步实施探索性创新。因为相比探索性创新而言，企业更倾向于利用追求探索的费用选择更容易实现立竿见影收益的开发性创新，所以对企业而言，如何适应市场变化、持续发展、生存的根本就是了解如何以及何时进行有效的探索性创新[2]。正如莫兰等人（Moran & Ghoshal，1994）总结说："一个没有充分促进与激励新的可能性的组织更有可能亲眼目睹了自己的没落[3]。"菲尔普斯（Phelps，2010）的结论强化了公司资源创新和优势（Dyer & Singh，1998）的"相关观点"，即通过确定联盟在什么样的条件下可以促进一个公司从事探索性创新为新的商业机会提供技术基础条件。

通过文献梳理，我们可以看到现有关于探索性创新与开发性创新影响因素的实证研究主要侧重知识、竞争力、环境的动态性、组织规模与组织结构等方面的探讨，鲜有对组织文化影响两种创新形式作用机制的挖掘，所以，探讨组织文化对企业探索性创新与开发性创新的影响就显得尤为必要了。

2.2　权力距离

2.2.1　权力概念的提出与内涵

权力作为一种广泛存在的社会现象，是众多学科的核心概念，长

---

① Lavie, D. Balancing exploration and exploitation in alliance formation[J]. Academy of Management Journal, 2006, 49(4): 797-818.

② Phelps, C. A longitudinal study of the influence of alliance network structure and composition on firm exploratory innovation[J]. Academy of Management Journal, 2010, 53(4): 890-913.

③ Morgan, R. M., Hunt, S.D. The Commitment-Trust theory of relationship marketing[J]. Journal of Marketing, 1994, 58(3): 20.

久以来一直是各领域研究者关注的核心问题，正如福柯（1997）所说的"在西方工业化社会里，人们最迫切而强烈地关心像'由谁来实施权力？怎么实施？实施的对象是谁？'"这样的问题。但是，研究者对权力的概念见仁见智，并没有形成统一的看法。

亚里士多德最早对权力进行了阐述：主人只是这个奴隶的主人，他并不归属于这个奴隶；但奴隶不仅是其主人的奴隶，而且还完全归属于其主人。这种并非对称的相互归属的关系，其存在的基础在于，奴隶无法拥有实现目标所需的资源，唯有听命归属于奴隶主。而这种社会关系的确立，就形成了权力关系。亚里士多德虽然并没有真正给权力界定其内涵，但这个阐述也清楚地表明，权力是一种能够影响和控制他人的能力（罗德里克·马丁，1992）。而哲学家罗伯特·罗素则明确给权力下了定义，即权力是某些人对他人产生预期或者预见效果的能力。这个概念第一次明确了权力的内涵，指出权力是一方指向另一方，并且故意为之的结果（卢少华、徐万珉，1989）。格斯等人（Gerth & Mills，1958）则从个人意志的角度对权力做了这样的界定，即个人或群体意识到自己在社会行为中有机会可以根据个人意愿采取行动，甚至对其他同样行为人的参与行为进行拒绝。这个概念则明确指出对其他成员的拒绝也体现了一种个人的权力。而不论是作为单独的个体还是作为组织的群体，其在社会关系中所具有的稀缺性与不可替代性越强，其拥有的权力就越大。

德国的政治经济学家和社会学家，公认的现代社会学和公共行政学最重要的创始人之一韦伯（Weber）强调，一个人对其他人行为的影响力是权力的核心，他认为，权力就是个人或群体在社会活动中，在遭到他人拒绝的前提下，仍然有机会实现自身目标的能力。舒尔茨（Schultz）也认为韦伯所下的定义似乎更有道理，"权力将表明有一定社会地位的人的能力或潜力，即在某种社会制度内对于其他人存亡所系的问题规定条件、做出决定，即采取行动的能力或潜力"（卢少华等，1989）。相当一部分学者也赞同这个观点，即权力是个人或组织拥有的可以支配、影响和控制其他个人或者其他组织的能力与力量（Mintzberg，1983；Pfeffer，1992）。

　　权力得以存在的基本前提在于个人或组织认为某种价值资源的获取可以通过依赖于其他个人或组织。但权力各方在这个过程中，是相互制衡的关系。如图 2.1 所示，主管领导拥有对下级的控制权力，这是因为下级的工作岗位的提供以及岗位的升迁都是由上级主管领导支配、影响和控制的；与此同时，员工在这个过程中，也通过其自身的工作技能的高低、工作态度认真与否影响着企业产品的质量，这正是企业得以长远发展与获取利润的根本，而这个过程并非通过主管领导独立工作可以完成的。在这个过程中，员工就掌握了一种抗衡的权力，这种权力能够保证上级主管在价值交换的过程中客观、公正地使用其拥有的权力①。

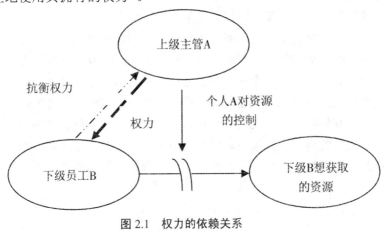

图 2.1　权力的依赖关系

　　资料来源：史蒂文·L.麦克沙恩，玛丽·安·冯·格里诺. 吴培冠等译. 组织行为学［M］. 北京：机械工业出版社，2011：239～240.

　　综上所述，我们可以看到，虽然关于权力的概念并没有得出一致的结论，但其内涵可以由以下几个方面组成：（1）权力是一种影响力，

① 史蒂文·L.麦克沙恩，玛丽·安·冯·格里诺. 吴培冠等译. 组织行为学［M］. 北京：机械工业出版社，2011：239~240.

是个人（组织）对个人（组织）的控制力，拥有控制力的一方，一定拥有控制或掌握另一方所需要的资源。（2）权力得以存在的基础是资源。资源的稀缺性是权力的依赖关系得以存在的根本，应该说，没有资源的控制权力就无从谈起。（3）权力的关系并非是单向的，而是双向互动的，在两方抗衡的过程中，拥有丰富资源的一方会战胜拥有薄弱资源的一方而拥有更强的权力。

2.2.2 权力距离概念的提出及内涵

英克尔斯（Inkeles，1969）关于国家文化的调查研究，开启了学术界深入到跨文化领域及组织层面围绕上下级权力关系展开系统研究的先河，已有研究认为"与威望的关系"是决定组织运行与成员行动的关键问题。作为第一个提出权力距离概念的学者，荷兰实验社会心理学家马尔德（Mulder，1976）首先将权力界定为"可能决定或者（在某种程度上）直接决定他人行为的能力"，接下来指出权力距离即在一个弱势个体之间的、在权力上不平等的程度。在这里，马尔德（Mulder，1976）主要指的是上级与下级之间的情感距离①。

而另一位来自荷兰的学者霍夫斯泰德（Hofstede，1980，1988，1991，1997，2001）关于权力距离的讨论，可谓当前最具代表性的观点。霍夫斯泰德（Hofstede，1980）针对 IBM 公司来自 50 多个国家的共计十几万名员工，展开了关于"文化影响价值观"的大规模调查研究，并发展出一套非常完整的研究测量工具，即价值测量表（Value Survey Module，VSM）。在此基础之上，撰写了《文化的结局》这一著作。这本书中，通过对收集的大量数据进行分析，采取实证研究的方法，提出了五种"文化维度"的观点，即权力距离、个人主义或集体主义、男性主义或女性主义、不确定性规避、长期导向或短期导向。其中,权力距离作为重要的维度,是霍夫斯泰格通过针对不同国家 IBM 公司的处于同一岗位的员工进行问卷调查，根据统计结果，衡量出不同国家的权力距离指数，以此来比较不同国家由于文化差异所导致的

---

① Mulder, M. The Daily Power Game. Leiden, Netherlands[M]. Martinus Nijhoff. 1976:90.

成员能够接受的权力分配不平等的程度的差别。根据差异的不同，分为高权力距离（HPD）与低权力距离（LPD）。因为权力距离根植于社会关系的不平等，所以在我们这个社会的不同单元中随处可见，例如家庭中孩子与父母之间，学校中老师与学生之间，组织中老板与下属之间。然而权力距离又是不可或缺的，因为这种组织中权力的不平等分布对于组织控制，防止组织无序状态的增加是必不可少的（Cotta，1976）。

差不多在同一时期，著名心理学家邦德（Bond，1980）在其开展的华人价值观的调查中，通过选取来自 23 个国家或地区的男女各半的大学生（其中每个国家或地区各抽选了 100 名同学）进行问卷统计，分析总结后也计算得出四个价值观的影响因子：（1）融合（integration）；（2）儒家工作动力（Confucian work dynamism）；（3）人心（human－beartedness）；（4）道德训诫（moral discipline）。在前期实证结果的基础之上，该研究还计算出每个影响因子与霍夫斯泰德文化维度中各个维度的相关系数。其中道德训诫这个因子与权力距离的相关系数最高，为 0.55。即在不平等的社会中，学生这类普通人群认为自己不该拥有超越其社会等级的理想；反之，在主张公平的社会中，仅靠实施权力并不能解决所有的问题，学生认为拥有灵活性对于完成某些事情是非常重要的[①]。

针对权力距离的含义，霍夫斯泰德（Hofstede，1991）指出权力距离是在一个社会的组织或机构中，弱势成员对于权力分配不平等的期待和接纳程度。机构是指社会的基本单位，例如家庭、学校等；组织则是人们的工作场所。后来，霍夫斯泰德（Hofstede，2001）对这一定义进行了修正，认为权力距离是人们接受并且期望权力不平等分配的程度。尽管在任何文化背景下都存在着不平等，但是人们接受不平等的程度是由文化的差异决定的。

在一个高权力距离的社会，人们会比较接受组织或团体中权力有着显著差距的。事实上，因为技术、阶级和地位在这种社会中能显现

---

① 吉尔特·霍夫斯泰德著. 李原，孙健敏译. 文化与组织——心理软件的力量[M]. 北京：中国人民大学出版社，2010：29~31.

出较为重要的意义，员工会对那些拥有职权的主管表现出极大的敬畏之意。而在低权力距离的社会，则尽可能地将组织内权力不平等的现象予以淡化，因此即使主管们拥有职权，员工也不会因畏权而表现出特别的敬意。从表 2.3 中可以看出针对权力距离的社会观念差异的一般规范。

表 2.3　权力距离的社会观念差异

低权力距离	高权力距离
人的不平等应当减少到最低	人的不平等是可预期和追求的
权力不同的人应当尽量相互依靠	低权力的人应当依靠或是远离高权力
父母平等对待子女	父母教导子女要顺从
下属期待被咨询	下属期待被告知动作
理想的上司是机智民主的	理想的上司是仁慈或独裁的家长
特权和地位象征是令人不悦的	管理者期望和喜爱特权与地位
科层组织是为便利而建立的不平等	科层组织反映已存在的不平等
偏好分权化	偏好集权化
缩短贫富差距	扩大贫富差距

　　资料来源：吉尔特·霍夫斯泰德著. 李原，孙健敏译. 文化与组织——心理软件的力量[M]. 北京：中国人民大学出版社，2010：58.

　　除了霍夫斯泰德对权力距离的经典诠释之外，豪厄尔等人（Howell，Clugston & Dorfman，2000）认为权力距离是个人承受和接受的组织中权力的不平等分配的范围，这个概念将权力距离的应用从社会的范畴扩展到针对个人层面的价值观进行研究。周建涛和廖建桥（2012）也认同权力距离导向提炼自个体文化价值观，是个体对待组织内权力及其关系的态度[①]。

　　达芙娜（Daphna，2006）则进一步强调认为权力距离并不是测量或者代表着人们拥有权力的程度，而是一个社会接受人们在权力、财富或者声誉上的不平等的程度并且将其视为不可避免或者作为功能性

---

　　① 周建涛，廖建桥. 权力距离导向与员工建言：组织地位感知的影响[J]. 管理科学，2012（2）：35-44.

的程度。也就是说，高权力距离并非是指拥有较高的权力，而是说明人们可以接受权力不平等的程度较高。关于高权力距离与低权力距离的核心差别并不是指一个实际权力的不平等，而是指人们面对这种权力不平等现状的态度①。张等人（Zhang，Winterieh & Mittal，2009）则在霍夫斯泰德等人的观点之上，对权力距离做出了界定：权力距离即一种文化中的成员期待与接受权力不平等的程度。徐笑君（2010）进一步指出权力距离涉及人对不平等问题的态度，明确其是社会关系的不对称本质的体现和反映。

基于此，可以看出关于权力距离的理解虽然存在差异，但可以认同的是，权力距离并不是一个国家独有的文化问题，而是广泛存在于不同国家的各个层面。归结到底，权力距离其实就是一种当面对权力不平等状况的时候，成员可以接受这种不平等的态度。

2.2.3　权力距离研究的应用

从目前的研究来讲，当前学者关于权力距离的研究主要应用在两个方面：一是在社会或组织层面，作为一个重要的文化价值观变量，权力距离最初就是用来衡量一个国家或者一个组织对于权力不平等分配的接受程度，所以将其应用于跨文化的研究领域是比较常见的；二是在组织内的个人层面，即利用权力距离来衡量组织中的成员对于组织中上下级权力不平等分配的看法或者价值观念②。

1. 国家层面

权力距离概念的最先提出即从社会整体的角度出发，用于描述不同国家文化差异背景下，人们对于权力不平等接受的态度的差别（Hofstede，1980；Oyserman，2006；Zhang，Winterieh，2009）。这其中，以霍夫斯泰德的理论在跨文化研究领域应用的最为广泛。

霍夫斯泰德（Hofstede，1980）通过问卷调查的方式，衡量了 50 个国家和 3 个跨国地区人民的权力距离指标，并得到一个相对性的指

---

① Daphna, O. High power, low power, and equality: culture beyond individualism and collectivism[J]. Journal of Consumer Psychology, 2006, 16(4) : 352-356.
② Dorfman, P.W., Howell, J.P. Dimensions of national culture and effective leadership patterns: Hofstede revisited[J]. Advances in International Comparative Management,1988, 10(3) : 127-150.

数（Power Distance Index，PDI），用来测量一个国家内下属依赖上级的关系。研究结果发现在不同文化背景下的国家或地区的人民，其权力距离有很大的差异：拉丁语系国家、亚洲及非洲是属于高权力距离，美国及非拉丁语系的欧洲国家是属于低权力距离。而在高权力距离文化背景的国家，其知识不论是来源或是内容都包含着无法动摇的权威信息，而低权力距离的文化则更倾向于忽略有关等级的信息，在这两种文化背景下，由于权力距离的不同造就了同的知识传递方式与管理者风格。在高权力距离文化的社会中，信息的传递经常是自上而下，管理者更倾向于选择正式沟通渠道；而在低权力距离文化的社会中，非正式沟通是管理者最为青睐的，其信息的流动也是双向的（Bhagat，Kedia，Hareston & Trandis，2002）[①]。

　　霍夫斯泰德（Hofstede，1980）进一步指出，中国属于典型的高权力距离的国家，权力距离指数为 80，仅次于俄罗斯，中国文化中存在着根深蒂固的层级与层级之间严格的等级关系、谦虚且保守的意识、对于在其他同事面前丢面子的恐惧心理等。密特拉等人（Mitra & Tong，2009）通过开展针对在华跨国公司的知识管理实践的研究，发现这些组织文化维度会妨碍中国制造业组织内部知识管理以及从跨国公司进行知识转移主动性的发挥与提升[②]。作为跨国公司的知识转移可分为两种情况，一是跨国公司向集群区域转移自己的技术知识，如在区域内设立研发中心进行技术研发，并将研发成果用于当地子公司产品或工厂的生产；二是跨国公司将在集群区域内子公司或研发中心研究的成果转移至海外，供其母公司或其他海外子公司使用。所以为了进一步研究权力距离对跨国公司知识转移的影响，徐笑君（2010）选定权力距离作为调节变量，研究其对跨国公司总部的知识转移渠道的多样性及其进行知识转移的意愿对知识转移的影响过程中的调节作用。这项研究以在华 219 家跨国公司的子公司为研究对象，通过实证得出结论，

　　① Bhagat, R., Kedia, B., Hareston, P., and Triandis, H. Cultural variations in cross-border transfer of organizational knowledge: An Integrative Framework[J]. Academy of Management Review, 2002(27): 204-221.

　　② Tong, J., Mitra, A. Chinese cultural influences on knowledge management practice[J]. Journal of Knowledge Management, 2009(13):23-25.

指出跨国公司总部正式知识转移渠道的丰富程度与知识转移的效果之间存在正向关系，而权力距离越高则越会减弱这种关系，起到负向调节作用[①]。

而彭妍玲（2005）则选取了另外一个视角，通过针对重庆地区的国有企业的管理者的实证研究，分析了权力距离对决策、关系建立、沟通、激励行为这四个方面的管理行为的影响。而结论并非完全符合霍夫斯泰德（Hofstede，1980）关于中国高权力距离指数的观点。一方面，在决策行为上重庆国有企业一半的经理倾向于从事参与性行为；另一方面，在沟通行为上，管理者更倾向于明确问题、采取告知的方式。这两个方面表明管理者的管理行为属于典型低权力距离。而在关系建立与激励行为方面，则明显地显示出中国国有企业工作环境的高权力距离特性。虽然研究范围仅限于重庆地区的国有企业，但也在一定程度上说明了权力距离作为一个维度的文化价值观确实影响了中国企业管理者的工作行为。但这并不意味着，中国企业的工作环境完全是一种高权力距离的情景，与此相反，在世界经济全球化改革和发展进程中，中国高权力距离的组织文化也正在逐步改变。

·国内学者郭冠清（2006）将新制度经济学中交易成本理论与霍夫斯泰德等学者的跨文化研究成果相结合，采用来自世界 500 家著名企业的 1999 年的面板数据，针对文化因素对企业经营绩效的影响进行了实证研究，结果显示一个社会的权力距离越高，越不利于生产规模较大企业的发展[②]。富兴佳（2008）则选取了权力距离具有差异的两个国家的两个公司：IBM 公司与 Lenovo（联想）公司为案例研究的对象，比较在不同权力距离影响下，两个公司的组织结构、沟通方式、领导方式的差异，基于霍夫斯泰德的文化维度的理论框架为中美企业的权力距离差别提供了一个理论研究框架。

---

① 徐笑君. 权力距离、不确定性规避对跨国公司总部知识转移的调节效应研究[J]. 经济管理，2010（1）：61~68.

② 郭冠清. 文化因素对企业经营绩效影响的研究[J]. 中国工业经济，2006（10）：91~97.

2. 组织层面

目前，国内外学者将权力距离的概念应用于组织层面的研究。从研究内容上来看，已有研究主要侧重于分析领导者的权力距离和员工的权力距离两个方面。而从研究设计来看，已有研究则将权力距离作为自变量或调节变量分析其在组织层面的作用。

从员工的权力距离来看，已有研究着重关注员工的权力距离与管理方式的匹配。伯赫纳等人（Bochner & Hesketh，1994）通过实证研究发现，权威家长式的管理方式更适合应用于高权力距离的个体，而这种管理方式会面临着来自低权力距离个体的抵触与厌恶，所以针对低权力距离的个体更适合在一定范围内赋予其自主权，采用参与式的管理方式①。埃伦（Elon，1999）一方面赞同应该依据个体权力距离高低程度的差异而选择不同的管理方式，同时进一步明确权力距离较高的员工，授权程度与员工的绩效和满意度之间存在显著正相关的关系；权力距离较低的员工，授权程度与员工的绩效和满意度之间存在显著负相关的关系，即授权程度与员工工作绩效和满意度的关系会受到员工权力距离高低的影响。豪厄尔等人（Howell，Clugston & Dorfman，2000）强调权力距离与个人对组织、上级和团队的规范承诺以及持续承诺之间存在显著正相关的关系。

从领导者的权力距离来看，其权力距离的高低程度同样也会对下属行为产生影响。国内学者周建涛和廖建桥（2005）收集了 5 个省市的不同规模与不同行业的企业共计 81 名团队领导和 467 名下属的相关调查问卷，通过实证研究验证了中国情境下领导者权力距离和员工的权力距离导向分别与员工谏言的关系。研究结论指出，领导权力距离越高越不利于员工的谏言行为；员工的权力距离越高越不利于员工的谏言行为。

从研究设计来看，前述研究多将权力距离作为自变量进行研究，近年来，相关研究围绕权力距离的调节作用进行剖析，放大权力距离的作用空间。佩因和奥根（Paine & Organ，2000）通过研究指出

---

① Bochner, S., Hesketh, B. Power distance, individualism / collectivism, and job-related attitudes in a culturally diverse work group[J]. Journal of Cross-Cultural Psychology, 1994, 25(2): 233-257.

权力距离感越小，组织公民行为与公平感之间的相关性越大，即权力距离在组织公民行为与公平感之间起到负向的调节作用。廖学谦（2010）则选择权力距离要素作为调节变量，分析讨论权力距离对下属团队承诺和谏言与领导的不当监督之间关系的影响过程。这项研究通过针对深圳 16 家企业的 55 个团队总计 244 个员工发放问卷，针对收集的数据进行整理分析后发现，作为员工个体的价值观，权力距离仅能调节影响下属团队承诺与领导不当监督之间的关系，而对于领导的不当监督与员工谏言的调节影响作用并不明显。也即权力距离较高的员工对于领导的不当监督的接受程度要高于权力距离较低的员工。

　　新近的研究将权力距离纳入更广阔的概念体系中，建构更复杂的组织文化理论框架。张等人（Zhang，Winterieh & Mittal，2010）则认为权力距离的信念体系 PDB（Power Distance Belief）（例如，接受和期望权力距离的悬殊）对冲动购物的影响超越了其他相关的组织文化维度，例如不确定性规避的程度。这项研究将 PDB 与冲动购物作为自我控制的表现联系到一起（诸如伴随着高 PDB 的人表现出的是更少的冲动购物），而这种相关影响仅仅体现在消费者对于替代产品的购买而非功效产品，结论发现 PDB 较高的消费者面对购物诱惑的时候可以自我进行控制，避免盲目消费，所以应该根据消费者的 PDB 来对替代品以及功效品进行产品差别定位的这种影响体现在替代产品上。

　　综上所述，我们可以清楚地看到，从组织层面来讲，作为一种个人的价值观，权力距离的影响效果与其作为社会、国家的一个文化维度的影响效果是相近似的。当前将权力距离差异应用于社会与组织层面的研究越来越广泛，其中尤以应用于跨文化管理领域的研究更为常见，结合我国国情，研究中国情境下组织内个体层面的权力距离差异对于企业绩效、创新、管理的研究还很有限，这也就为本书的选题提供了值得进一步挖掘和深入进行钻研的方向。

2.3　不确定性规避

2.3.1　不确定性规避概念的提出与内涵

1. 不确定性规避概念的提出

诺伊曼和摩根斯坦（Neumann & Morgenstern，1947）提出的著名的期望效用模型，可以说开启了学术界有关不确定性选择偏好研究的先河。研究结论认为：不确定情境下决策主体面临多种方案的选择，而通过对各种可能性出现的结果进行加权估价计算后会得出不同的效用水平，决策主体最终选择预期效用最大的方案作为最终选择的方案。

而霍夫斯泰德（Hofstede，1980，1988，1991）关于国家文化维度的系列研究中，对不确定性规避的讨论至今在该领域中稳居权威指导地位。霍夫斯泰德借助在 IBM 工作的机会，通过对 IBM 的员工进行关于文化价值观的调查，根据这些员工对相同问题的不同回答进行分析，反映出员工不同的价值取向受到其所在国家和地区的文化环境的影响。其中，不确定性规避作为文化维度之一，也得到了霍夫斯泰德的关注。霍夫斯泰德（Hofstede，1980）指出高不确定性规避文化价值观的人群不愿意冒风险，偏好稳定，对未来充满忧虑；而低不确定性规避文化价值观的人群则相反，他们敢于冒险，对未来充满信心，愿意进行挑战性的项目与工作（陈晓萍，2012），如表 2.4 所示，说明了针对不确定性规避的社会观念差异的一般规范。

表 2.4　不同不确定性规避程度的社会观念差异

低不确定性规避的社会	高不确定性规避的社会
不确定性是生活的常态，顺其自然地接受每天的到来	生活中存在的不确定性是一种持续的威胁，我们必须与之抗争
较低的压力和焦虑	较高的压力和焦虑

低不确定性规避的社会	高不确定性规避的社会
攻击性和情感不应该外露	攻击性和情感应该在合适的时间合适的场合显露出来
人格测验中，在随和性方面得分较高	人格测验中，在神经质方面得分较高
坦然面对模糊的情况和不常见的风险	接受常规风险，害怕模糊的情况和规避常见的风险
家庭生活较为放松	家庭生活较为紧张
在富裕的西方国家，生育孩子的数量较多	在富裕的西方国家，生育孩子的数量少

资料来源：吉尔特·霍夫斯泰德著. 李原，孙健敏译. 文化与组织——心理软件的力量[M]. 北京：中国人民大学出版社，2010：186.

2. 不确定性规避的内涵

霍夫斯泰德（Hofstede，1980）认为不确定性规避是指人们忍受模糊（低不确定性规避）或者感到模糊和不确定性的威胁（高不确定性规避）的程度，人们会通过技术等方式避免这种不确定情况的产生。有些研究人员明确指出不确定性规避即人们对变化的回避。

国内很多学者从不同角度也对不确定性规避的内涵进行了诠释。李文娟（2009）认为不确定性规避是指一个社会受到不确定的事件和非常规的环境威胁时，是否通过正式的渠道来避免和控制不确定性；高不确定性规避的人更重视通过正式规则与专家评定手段来避免这种不确定性与威胁；而回避程度较低的人则对此情景比较宽容，规章制度局限很少。郝文婷（2009）指出不确定性规避是一个社会考虑自己利益受到不确定的时间和模棱两可的环境威胁时，通过正式的渠道来避免和控制不确定性的程度，或者称为人们忍受模糊或感到模糊和不确定性的程度。王朝晖（2009）强调不确定性规避是一种文化的衡量尺度，它衡量了人们接受风险与非传统行为的程度。不同社会的成员对于不确定性的世界中存在的未知状况与风险程度的接受与反应是不同的。有些社会成员面对不确定性的时候，因为并未感觉到威胁与恐惧，所以可以沉着冷静，泰然面对风险与不确定性；而也存在这样一些社会成员高度紧张与焦虑，害怕这种不确定性与模糊性的威胁。

何志娟（2010）从服务评价的角度，对不确定性规避进行了界定。这项研究指出不确定性规避反应出在一个特定的文化环境中，消费者对新兴服务的容忍度。不确定性规避程度越高，消费者的容忍程度越高，越不愿意接受这种服务；而不确定性规避越低，消费者对于这种新兴服务越会表现出浓厚的兴趣，有意愿接受和尝试这种服务。所以在高不确定性规避的文化环境中，为了推广服务，可以通过对消费者进行服务过程以及服务结果等情况的预先讲解和告知等手段，帮助消费者消除由于不确定而带来的犹豫不决与质疑，降低其对于不确定性风险规避的程度。

综上所述，虽然学者对于不确定性规避内涵讨论的出发点不同，但是归其本质对于不确定性规避的界定都是一致的，即不确定性规避就是对于未来模糊性情况的容忍程度。容忍度越高，不确定性规避越低；容忍度越低，不确定性规避越高。

2.3.2 不确定性规避研究的应用

不确定性规避是一个非常重要的文化变量，被众多学者广泛应用于国家、社会层面的跨文化领域及其他领域的研究（刘文兴，2012）。多尔夫曼等人（Dorfman et al.，1988）的研究指出，文化维度的概念除了可以应用于国家层面，同时也可以应用于个体层面。即使同处一个国家文化背景下，不同人的价值观并非与国家的文化价值观保持一致，文化差异不仅仅产生于拥有不同文化背景的人群，具备相同文化背景的个体之间也会存在文化差异（Chen，1998）。所以，当前针对个体层面来探讨不确定性规避这一文化维度的研究也是相当丰富的。

1. 社会或组织层面

1990 年的世界价值观调查结果显示，对任何国家来说，生活的幸福程度与不确定性规避均呈显著负相关的关系。著名的荷兰社会学家温霍芬（Veenhoven）通过针对将近 50 多个国家关于幸福的数据进行分析，发现决定幸福与否的首位相关因素即为不确定性规避（Hofstede，2001）。在韦伯等人（Weber & Hsee，1999）开展的一项跨文化研究中，对霍夫斯泰德（Hofstede，1980）关于中国人的不确定性规避指数要高于美国人的不确定性规避指数的观点提出了质疑并指出，中国学生并非在所有的领域都规避风险，在经济领域和美国学生相比反而更敢于冒险；而在社会领域，中国学生的不确定性规避更高一些，美国学生更敢于冒险[①]。在研究不确定性规避这个概念的时候，应该确定具体的限定条件，例如领域等，不能笼统地一概而论。

国内学者倾向于从中西方文化的角度来探讨不确定性规避差异程度所产生的影响。伍先禄等（2009）运用不确定性规避理论，对中西方文化的特点进行区分，指出成功实现中西方跨文化的关键在于中方交际者应该借鉴西方文化中对待不确定性与环境威胁所持有的乐观与宽容的态度，调整自己对待交际中的不确定性因素的消极心态。黄文卿等（2010）研究了中医药跨文化发展中存在的障碍，其中选取霍夫斯泰德（Hofstede，1980）文化维度中的不确定性规避作为重要的影响因素，结合目前我国中医药跨文化发展的现状，指出了作为中国传统的中医药文化中存在的不确定性因素及其存在的根源。

也有一部分学者从国家文化的角度探讨了不确定性规避程度与知识转移的关系。巴加特等（Bhagat et al.，2002）指出"不确定性规避"与所转移知识特征的不同匹配对知识转移产生不同的结果，不确定性规避程度越低的文化越有利于隐性知识的转移[②]。王清晓和杨忠（2005）指出，知识的隐性化与情景依赖性增加了知识转移活动的不确定性，不确定性规避程度越低的文化对知识转移活动的不确定性容忍程度越高，越有利于隐性化和情景依赖程度高的知识的转移。卢卡斯（Lucas，2006）也指出，从知识的发送方与知识的接受方来看，这二者关于"不确定性规避"文化维度是否相似以及知识发送方的文化情境都会影响双方知识转移的效果。如果知识发送方处于低不确定性规避文化背景时，会有利于知识转移效果的提升，相反若处于高不确定性规避的文

[①] Hsee, C., Weber, E. National differences in risk preference and lay predictions[J]. Journal of Behavioral Decision Making, 1999(12): 165-179.

[②] Bhagat, R., Kedia, B., Hareston, P., and Triandis, H. Cultural variations in cross-border transfer of organizational knowledge: An Integrative Framework[J]. Academy of Management Review, 2002(27): 204-221.

化背景下，将有损于知识转移的效果。徐笑君（2010）将不确定性规避文化差异作为调节变量，研究其对跨国公司总部知识转移的调节效应。这项研究通过对 219 家在华子公司的实证研究得出结论，不确定性规避维度上的文化差异是通过调节人际沟通来实现对知识转移效果产生影响的，其对总部社会化渠道与知识转移效果的关系起到负向调节作用。

2. 个体层面

已有文献将不确定性规避应用于营销领域的研究主要围绕着不确定性规避程度对消费行为、品牌与顾客忠诚度、服务质量等的影响展开。从消费行为方面来看，不确定性规避会影响消费者的风险偏好、品牌选择等行为。费尔哈格等人（Verhage et al.，1990）研究发现不确定性规避程度的高低会对消费行为产生影响：高不确定性规避的消费者出于对风险的规避，在消费行为上会有所改变，即在不确定规避程度高的国家或者社会，消费者的民族中心主义更强，会出于规避风险的考虑而选择国内产品，避免选择国外产品因不了解而承受的购买风险。可见消费者的不确定性规避程度越高，则其对本土产品的忠诚度越高[①]。道格拉斯（Douglas，1997）认为高风险规避的消费者认为好的品牌可靠性强、口碑好，而这些对于消费者而言形成了购买商品的无形保障，所以会愿意购买稳定、值得信赖的品牌。这意味着不确定性规避程度越高，消费者则更愿意关注与产品相关的信息的搜索与筛选，从而影响他对于品牌的选择。

在品牌与顾客忠诚方面，研究指出不确定性规避会对企业的品牌策略与顾客忠诚度水平产生影响。郝文婷（2009）研究了不确定性规避在不同类型品牌名称与品牌延伸关系中的调节作用。这项研究发现，当原产品与延伸产品种类相似的时候，消费者不确定性规避的程度对于对延伸产品的评价并无影响。但当原产品与延伸产品种类不相似的时候，就低不确定性规避的消费者而言，品牌名称仍然是其延伸态度的主要影响因素，而反之高不确定性规避的消费者其延伸态度形成将

---

① Verhage, B.J., Yavas, U., Green R.T. Perceived risk:A Cross-cultural phenomenon?[J]. International Journal of Research in Marketing, 1990(7):297-303.

不会受到品牌名称的显著影响。米勒等（Mille & Straughan，2001）则进一步指出不确定性规避指数越高的人，在零售店的选择上更忠诚于国内零售商，更愿意选择本土企业；王海忠等（2007）认为中国情境下的实证研究也验证了这个结论，指数越高的人群越是体现出对于选择国内零售店的忠诚度，而视跨国零售店为"外来者"，即不确定性规避指数与零售店选择的民族中心主义呈正相关。

在服务营销方面，不确定性规避则会对服务质量、服务效率等方面产生影响。何志娟（2010）在研究霍夫斯泰德文化模型对银行服务质量评价的影响时，发现不确定性规避与服务的响应性、服务的可靠性与服务的保证性之间存在显著的正相关关系，也即如果顾客的不确定性规避程度越高，则对于服务的质量、工作人员的专业知识、服务的效率等期望程度越高，而对于服务人员的着装和服务设施等因素则不会介意。

除了营销领域对不确定性规避的关注，组织行为领域也对不确定性规避给予了关注，研究主要围绕不确定性规避与领导行为、管理方式展开。刘文兴等（2012）通过中国情境下的实证研究，探讨了不确定性规避与领导授权行为的关系，即不确定性规避与领导授权行为显著负相关，随着不确定性规避逐渐提高，而管理者的授权行为迅速下降。领导的不确定性规避程度越高，越会感知到更多的任务失败的风险，所以领导会希望事务能够在自己的掌控之内平稳地发展，注重对任务的控制，通过避免授权或者减少授权范围来规避这种不确定性（Triandis，1990）。领导对下属授权程度的提高，要通过克服领导不确定性规避以及集权的倾向，同时减少领导对于授权后所产生的不良结果的焦虑。这样，一方面，可以提高工作效率，使领导者从纷繁复杂的日常行政事务中摆脱出来，有更多精力来处理管理工作中的"例外"问题；另一方面，也可以使员工通过参与管理问题而大大提高工作的积极性与创造性[①]。

很多学者经常采用不确定性规避这一变量进行有关旅游文化差异

---

① 刘文兴等.不确定性规避、工作负担与领导授权行为：控制愿望与管理层级的调节作用[J].南开管理评论，2012（5）：4~12.

方面的研究①。莫尼等（Money & Crotts，2003）认为不确定性规避会影响游客旅游方式的选择以及相关景点信息的收集行为。陈亦滨（2012）的研究则选取不确定性规避这一前置变量，利用多尔夫曼（Dorfman，1988）关于不确定性规避所设计的量表，测量不同规避程度的游客群体对旅游目的地形象感知的影响。研究结论发现，高不确定性规避的游客出于较低的对存在的不确定性的接受程度，所以会比低不确定性规避的游客进行较多的有关旅游信息，例如交通方式、旅游的行程安排与采用的交通方式等。相反，低不确定性规避的游客由于更具有冒险精神，所以对于景区方面信息的提前获取较少。基于此，高（低）不确定性规避的游客对景区信息、交通的感知差异是非常明显的。

综上所述，研究者关于不确定性规避在国家社会层面以及个人层面的研究并不少见，尤其以在跨文化领域方面的研究更为常见，而将其与企业绩效联系起来，作为驱动创新的文化要素系统层面的解析还并不多见，这为本书提供了一个很好的思路与方向。

2.4 个人主义与集体主义

2.4.1 个人主义与集体主义概念的提出与内涵

1. 个人主义与集体主义概念的提出

个人主义价值观的存在在西方文化中源远流长，可以追溯到 18 世纪。西方很多政治学家诸如约翰·洛克（John Locke）等强调个人自由，对个人主义价值观的提出起到引领作用。18 世纪的法国大革命和美国革命则对于个人主义的发展起到助推作用。直到 19 世纪，随着资本主义生产关系与市场经济出现之后，现代意义的个人主义才真正形成。个人自由与解放成为诸如卢梭、洛克这样的哲学家共同的关注对象，一系列抬高个人的学说成为欧洲思想长河构成中不可或缺的一

---

① Litvin, S.W., Kar, G.H. Individualism/collectivism as a moderating factor to the self-image congruity concept[J]. Journal of Vacation Marketing, 2003, 10(1): 23-32.

部分，19 世纪中叶美国社会中新民主主义强调的非贵族化思潮等对个人主义的发展都起到深刻的影响。

另一方面，源自东方的儒家和佛教等非西方哲学观念被视作集体主义产生的根源。儒家看重"众""群""民"的地位，主张应该把群体社会放在第一位（黄仁知，2008），"克己复礼"更是个人利益绝对服从群体利益的集中体现。库查巴莎（Kagitcibasi，1994）认为，关于集体主义最早是柏拉图在"理想国"中提及的，后来边沁（Bentham，1999）等有关经济的论述中也有所涉及。20 世纪德国著名社会学家诺贝特·埃利亚斯则指出："所有社会集体，或者某一类人类群体，都有一个属于自己的心灵，一个超然于个体心灵的心灵，就是说拥有某种'集体灵魂'，或者某种'团队精神'。"[①]在欧洲，个人主义思想大行其道，而不乏反其道而行之的学者，拥护集体主义的思想，如黑格尔、马克思等人。即便如此，当代众多学者仍然认为：西方世界弥漫着个人主义的特征，而集体主义则流行于诸如中国、日本等东方国家（孙晓杰，2007）。

2. 个人主义与集体主义的内涵

个人主义与集体主义的根本区别在于个人主义基于这样的假设：个人高于集体。在个人主义下，社会容许的生活策略在于个人目标的实现，而非整个集体利益的谋取，所以，集体中的每个成员都只关注个人目标的实现而非为了实现集体目标而贡献自己才能[②]。帕森斯（Parsons，1951）指出个人主义与集体主义是指实现个人目标与集体目标之间的差异或者个人与集体之间关系的性质。

20 世纪 80 年代，被认为是个人主义与集体主义研究的高峰期，盛行用不同态度来比较社会间差异的思潮。霍夫斯泰德（Hofstde，1980）被认为是最早将个人主义与集体主义概念引进跨文化领域的学者。通过针对 IMB 公司的实证研究，他从国家文化的角度对个人主义与集体主义进行了界定。随后霍夫斯泰德（Hofstede，1991）在《文化与组织》一书中，对集体主义社会与个人主义社会的主要差异进行了诠释，如表 2.5 所示。

---

① 诺贝特·埃利亚斯. 王佩莉，袁志英译. 文明的进程[M]. 上海：上海译文出版社，2013（8）：45~48.

② Parsons, T., Shills, E. Toward a general theory of social action[D]. Harvard University Press, 1951.

表 2.5 集体主义社会和个人主义社会的主要差异：一般规范和家庭

集体主义社会	个人主义社会
人们出生于扩展性家庭或者其他内群体，群体始终提供保护，成员以忠诚作为回报	成人之后人们只照顾自己及其核心家庭
孩子们学会了以"我们"的角度考虑问题	孩子们学会以"我"的角度考虑问题
应该始终维持和谐，避免直接冲突	直言不讳是为人诚实的表现
朋友关系是事先确定的	友谊是自愿的，并且应该受到呵护
应该与亲人共享资源	个人占有资源，不予他人共享
高情境的沟通方式	低情境的沟通方式
过失会导致自己和群体蒙羞和丢面子	过失会导致负罪感以及丧失自尊

来源：吉尔特·霍夫斯泰德著. 李原，孙健敏译. 文化与组织——心理软件的力量[M]. 北京：中国人民大学出版社，2010：96.

霍夫斯泰德（Hofstede，1980）认为，个人主义指的是人与人之间松散联系的社会，社会中的个体只关心自己及其家庭。而集体主义是指人们从出生起就融入到强大而紧密的群体中，这个群体为人们提供终身的保护以换取人们对该群体的绝对忠诚。沃特曼（Waterman，1984）将个人主义定义为个人责任与自由选择，尊重他人以及挖掘个人潜能。施瓦兹（Schwartz，1990）认为个人主义社会得以存在的基础为契约关系，同时还包含少量主导以及可供协商的社会关系，规定具体需要履行的义务，以期获得社会地位。集体主义意味着具备更广泛的价值观、态度和行为。在集体主义社会中，个人只是广大组织中的微小组织结构，团体经过集中而形成了共同的价值观与目标。在集体主义社会中，社会成员共同承担社会义务与社会期望。鲍迈斯特（Baumeister，1998）则选择不同的角度，指出个人主义意味着形成自我的积极意识并且保持和维持这种意识。

美国著名跨文化心理学家特里安迪斯（Triandis）多年从事有关于个人主义与集体主义的研究，主要内容包括：关于个人主义者与集体主义者如何定义自我的差异；从个人目标与群体目标这一视角考察在社会个体心中满足群体目标和实现个人目标孰轻孰重的问题；在作为个体行为动因时个人态度与社会规范的重要性比较；对完成任务和建立良好人际关系孰重孰轻所持的态度；是否对与个体关系密切者（内群体）、无密切关系者（外群体）划分清晰界限，区别对待[①]。他所聚焦的个人主义与集体主义与霍夫斯泰德（Hofstede，1980，1991）的不同，他将个人主义与集体主义看作一个文化综合体，强调了文化的多样性，与霍夫斯泰德认为个人主义与集体主义同属同一文化维度上的两极不同，特里安迪斯（Triandis）更多聚焦于个人文化导向的描述，并且指出受跨文化交际的影响，同一文化背景的人会表现出既有个人主义又有集体主义。

特里安迪斯（Triandis，1995）综合了众多学者的观点，对个人主义与集体主义进一步做了区分，如表 2.6 所示。

表 2.6　个人主义文化与集体主义文化的差异

个人主义文化	集体主义文化
享乐主义：个人利益高于集体利益	牺牲：集体利益高于个人利益
认为自我与所属团体是相互独立的	认为自我是所属团队的延伸部分
自力更生是最重要的	关心团体是最重要的
因个人成就而得到回报	因对团体所做的贡献而得到回报
不太服从团体规范	高度服从于明确的团体规范
更崇尚金钱和财产	更崇尚爱、地位和贡献
常选择与内团体成员以及外团体成员合作	更多选择与内团体成员合作，很少与外团体成员合作
遵从"横向的人际关系"（朋友间、夫妻间）	遵从"纵向的人际关系"（孩子与父母、雇主和雇员）
通过与孩子保持距离，使孩子独立及保护孩子的隐私来培养孩子	通过频繁地询问及干预孩子的个人生活来培养孩子
更多以任务定向来实现目标	更多以人为定向来实现目标
对团体承担较少的责任且个人权利较多，但从团体中获得较少的支持、资源和安全感	对团体所承担的责任很多，但可以从团体中获得高水平的社会支持、资源和安全感

---

① Triandis, H.C., BoniemPo, R., Villareal, M.J., Asai, M., Lueea, N. Individualism and collectivism: Cross-cultural perspectives on self-in group relation-ships[J]. Jounal of Personality and Social Psychology, 1988(54): 323-335.

个人主义文化	集体主义文化
交朋友容易，但多为非亲密朋友的熟人关系	朋友不多，但朋友间感情深厚，关系稳固并承载责任
规模较大的内部小集体，但较少把所有其他人看成是外团体成员	规模较小的内部小集团，而把所有的其他人视为一个大的小团体的成员
内部小集团规模较大，且很可能发生小集体内部的人际冲突	和所属团体内的成员关系非常融洽，但可能与外团体的成员有较大的冲突
惩罚多以羞耻感（外部的）形式出现	惩罚多以罪恶感（内部的）形式出现
经济发展速度比较慢，工业化水平低	经济发展速度比较快，工业化水平高
各种社会弊端较少（犯罪、虐童、家暴、自杀）	各种社会弊端较多（犯罪、虐童、家暴、自杀）
更多关注家庭等小团体得失，而非公共利益	更多关注公共利益，而非小团体得失

资料来源：Triandis, H.C. Individualism and Collectivism [M]. Boulder. Co: Westview Press, 1995.

著名心理学家杨国枢基于马斯洛需求层次理论的单维模型，提出了不同文化下个人主义与集体主义所对应的各自不同的需求结构，即"DoubleY 模型"（杨国枢，2000）。如图 2.2 所示，Y 的下方是生理和安全需要，在这点上与马斯洛的模型是一致的，而除了生命导向的性需求、生育需求、教养需求之外，不同的价值导向会带来不同的基本需求，个人主义社会的需求与集体主义社会的需求是不同的。这两种社会基本需求的区别在于：前者是个体，后者是集体。两类文化形成了两类人，两类文化中都包含着基本需求[①]。因此，就出现了双 Y 的手臂，一个是集体主义实现的价值导向，一个是个人主义实现的价值导向，再一个是生命承担的价值导向。马斯洛需求层次理论适用的是高度个人主义的社会，而不能适用于一个集体主义的社会。

集体主义意味着个人身份最重要的方面即组织成员的身份，为了组织目标的实现而放弃个人利益，与组织成员保持和谐关系（Markus et al.，1991）。唐桂梅（2010）则通过相关研究强调集体主义文化背景下，社会成员更加关注与周围人和环境的关系，具有较强的情景化或

① 杨国枢. 心理学与管理学的互动[J]. 华人企业论坛，2000 年春季号：15~27.

者社会定向，而在个人主义背景下，社会成员更关注个体的独立性，非情景化定向与个人定向较强。

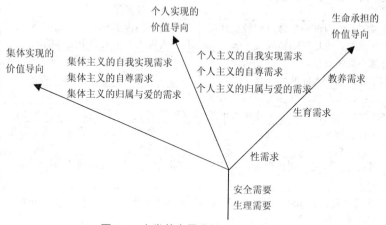

图 2.2　人类基本需求的 Double Y 模型

资料来源：刘善仕. 组织行为学视野中的个人主义与集体主义[J]. 科技进步与对策，2003（9）：98.

2.4.2　个人主义与集体主义研究的应用

1. 理解中西方社会的文化差异

对于中西方社会文化差异的理解，国内外学者进行了很多相关的研究。尼斯比特等（Nisbet et al.，1997）通过问卷调查对中国人的价值观与美国人的价值观进行了对比，研究发现中国人较多具有集体主义价值观特性，注重他人对团队身份的认可，关注团队成员之间融洽关系的维系，强调社会秩序；而美国人则更多强调自我实现的人生态度，个人目标的实现远远高于集体目标的实现，向往与不懈地追求自由与特立独行，这个结论与霍夫斯泰德（Hofstede，1980）的观点是一致的。

卢奥（Luo，2001）发现不同的文化价值观背景对于主观幸福感的影响很大。中国人的幸福感更强调精神层面而非物质层面，而西方人幸福感更多且更强调个人业绩的体现和物质需要的满足。方富熹（2002）选取中国与冰岛的儿童为被试，发现冰岛的儿童以个人目标为中心，更多关心自身利益的保障与实现，帮助别人是出于实现自身物质利益满足的要求。而中国儿童则明显表现出以集体利益为中心，个人目标的实现要服从于集体目标的实现。吴兰花（2003）进一步通过研究指出，当调查的内容包括个人独特性、直接交流、对隐私的重视程度时，美国的个人主义倾向是高于中国的；当去除个人独特性这个调查项目的时候，中国的个人主义则是高于美国的。所以，这项研究结论认为跨文化价值观不能简单进行比较，而应该综合多方面因素进行考量。

孙晓杰（2007）从个人主义与集体主义的文化角度，针对中国与澳大利亚进行跨文化研究。这项研究发现两国父母的育儿风格均受到所在国文化价值观的影响，也即中国父母与集体主义文化一致，在中国家庭内，纪律和规则由家长制定，孩子在规则面前唯有服从；而澳大利亚父母则是民主型，家长尊重孩子的想法和意见，犯错后所采取的惩罚措施需要得到孩子的首肯。而父母的育儿风格又直接影响着幼儿人格的形成，研究结论对于多元文化中的育儿教育提供了依据。池升荣（2008）则认为对东西方社会文化差异理解的关键在于了解集体主义和个人主义在东西方不同文化背景下的差异，这样有益于国家之间的跨文化交际[①]。李阳希（2012）基于霍夫斯泰德（Hofstede，1980）个人主义与集体主义的观点，对中国与意大利的大学生交际风格进行了实证研究，从总体上讲，虽然中国大学生仍然具备较明显的集体主义文化特性，意大利学生具有较明显的个人主义文化特性，但在某些交际特征诸如竞争与合作中，相反，中国学生呈现明显的个人主义特性。

2. 解读个人主义与集体主义的结构

霍夫斯泰德（Hofstede，1980）提出的文化价值差异体现在权力距离、不确定性规避、个人主义与集体主义、男性主义与女性主义四

---

① 池升荣. 集体主义和个人主义——东西方社会文化差异理解的关键[J]. 太原师范学院学报（社会科学版），2008（1）：31-33.

个维度，其中个人主义与集体主义的研究成为 20 世纪 80 年代跨文化心理学研究的重要议题（Kagitcibasi & Berry，1989），因此关于个人主义与集体主义结构的研究不乏其数。

关于个人主义与集体主义结构的认识有两种观点：一种观点认为个人主义与集体主义属于单一维度的两极结构，无法再进一步分割为多维度的整体特征（Olcay，1998）。帕森斯（Parsons，1951）依据个人目标与集体目标的优先次序将个人主义与集体主义定义为一种两极结构。霍夫斯泰德是单一维度观点的支持者，他认为在不同的国家文化背景下，一个社会的文化非此即彼，不是个人主义的就是集体主义的。个人主义社会中个人之间的联系松散，人们只关心个人自身或其直系家人的利益，而集体主义的特征是严密的社会结构，人们自出生以来就融入强有力的内团体中，内团体给予人们关心与保护，而人们则以忠诚作为回报①。但是也有学者提出了质疑。山岸（Yamagishi，1988）对霍夫斯泰德（Hofstede，1980）的研究中认为日本人倾向于集体主义而美国人倾向于个人主义的结论进行验证。这项研究发现，外部制度而非文化沉淀对日本人的集体主义产生决定作用，也即如果不存在相应的处罚机制，日本人的合作意愿则大幅度降低，甚至比美国人还不愿意进行团队合作。

另一种观点认为个人主义与集体主义是并存的。施瓦兹（Schwarz，1994）指出，将社会视为处理个人主义倾向与集体主义倾向价值观选择的问题是更为合理的。特里安迪斯（Triandis，1995）也提出，应该将个人主义与集体主义视为两个独立的维度，即使在同一个社会文化背景下，个人主义和集体主义倾向也是可以同时存在的，不同个体之间在个人主义与集体主义方面的表现是不同的。这表示在同一个社会背景下，个人主义和集体主义价值观有可能是并存的。

更进一步，已有研究针对个人主义与集体主义进行细致类型的深入分析，建构了详尽的概念架构。特里安迪斯（Triandis，1995）认为可以按照不同的分类方法对于个人主义与集体主义进行区分，其中将

① Hofstede, G.H. Cultures and Organizations: Software of the Mind [M]. London: Mcgraw-Hill, 1991.

个人主义与集体主义分为水平（Horizontal）和垂直（Vertical）两个维度被视为最有效的分类方法。如果垂直维度上得分等级越高，意味着个人比较强调等级观念，而水平维度得分越高，意味着个人更强调平等的地位与平等的权力。这样两个维度的结合就形成了四种类型：水平的个人主义（Horizontal Individualism，HI）、水平的集体主义（Horizontal Collectivism，HC）、垂直的个人主义（Vertical Individualism，VI）、垂直的集体主义（Vertical Collectivism，VC）（Singelis，Triandis，Bhawuk & Gelfand，1995）。

在实证研究层面，辛格等（Singelis et al.，1995）基于此设计了考量这四个维度的态度问卷，并以美国大学生为被试，对量表进行了验证。素和梁（Soh & Leong，2002）通过对新加坡的华人进行调查，检验个人主义和集体主义的效度。王永丽等（2003）也验证了在中国情境下，特里安迪斯（Triandis）关于个人主义与集体主义结构的观点，研究针对中国大陆共计 303 名被试进行调查，结论支持特里安迪斯提出的个人主义与集体主义关于水平与垂直结构的理论假设。原晋（2012）遵循特里安迪斯（Triandis，1995）的思路，将个人主义与集体主义视为相互作用且互补的两种价值观类型，其相互依存的关系形成了如同太极八卦图中"阴阳"两极所构成的"S"形曲线，从这个角度来研究和探讨跨文化交际中个人主义与集体主义的相互转化与互相渗透。

可以看出，学者们关于个人主义与集体主义的结构维度存在着观点的差异，但这些研究可以使我们认识到个人主义与集体主义的文化价值观念在不同的国家文化背景之下会有所差异，并且个人主义和集体主义可能并存于同一社会成员的身上，只是其强弱程度存在差异。

3. 个人主义、集体主义与团队研究

作为价值观的核心问题，个人主义和集体主义对于组织行为变量均会产生影响。归结起来，现有研究主要关注于个人主义和集体主义对团队、领导类型、绩效、奖酬等的影响。其中，尤以基于个人主义、集体主义的团队研究最为普遍，研究集中于探讨具有不同个人主义与集体主义倾向的人在团队意识、团队绩效方面的差异。

戈尔曼（Goleman，1990）研究发现，具有个人主义的人往往认为自己从属于多个团队，而非某一个固定的团队，所以他们对团队的忠诚性很差，会出于自身需求而改变其所在团队，例如辞职等。特里安迪斯（Triandis，1995）通过研究发现，具有集体主义价值观的个人多与团队内成员积极合作并且和所属团队内的成员关系非常融洽，但可能因与外团队的成员有较大的冲突而更少与外团队成员合作；反之，个人主义倾向的个人团队意识弱化，对团队的责任较少，个人权利较多，从团队中得到的支持、资源和安全感较少。厄尔利（Earley，1997）的研究也指出，集体主义倾向的个人认为与"内团队"一起工作的工作绩效比独立完成任务时的工作绩效要高，而个人主义者则在独立工作的时候绩效最高，任务完成的最好。埃雷兹（Erez，1993）指出个人主义和集体主义对于组织产出产生影响常常会通过个体对自己是否有能力为完成某一行为所进行的推测与判断（自我效能感）和团队成员对团队成功完成特定任务所拥有共同能力的信念（团队效能感），所以效能感起到了调节作用。摩尔曼等（Moorman & Blakely，1992）则通过收集数据之间的关系来评估个人主义与集体主义的程度，从而评估内文化个体差异与本人自述的组织公民行为。研究结果显示个人是否持有集体主义价值观或者规范，他/她则将更有可能履行公民行为。而这有助于团队利益的提高①。

4. 个人主义、集体主义与情感研究

个体的个人主义、集体主义倾向往往与其情感表达存在关系，因此基于个人主义、集体主义的情感研究不断涌现。研究集中于将个体的个人主义、集体主义价值观与其情绪、情感相联系，以作为团队关系维系的文化基础。例如，特里安迪斯（Triandis，1990）认为文化与愤怒情绪之间存在一定的关系，集体主义重视团队融洽的气氛，所以在这个过程中，团队成员关系的维系是非常重要的，这就意味着成员

---

① Moorman, Christine, Zaltman, G., Deshpande, R. Relationships Between Providers and Users of Market Research: The Dynamics of Trust Within and Between Organizations[J]. Journal of Marketing Research, 1992, 8(29): 314-328.

间会压抑和控制自我的愤怒或激动的情绪，因为这有损于和谐关系的维系。

一些研究则跳脱团队研究，关注具有个人主义、集体主义倾向个体的情绪、情感等外在表征，以此解读不同个体的个性差异与文化差异。卡曾斯（Cousins，1989）强调日本人具有集体主义文化倾向，相互依存的感情是他们幸福的源泉，而美国人具有个人主义倾向，他们幸福的源泉来自自我特立独行的个性与卓越不凡的能力[①]。而在强调自由和个性的个人主义文化氛围中，不满情绪的表达是被接受的。菲克斯等（Fiske，Ktayama & Markus，1998）指出处于集体主义文化中的人们更多以他人为中心表达情感，例如怜悯、尴尬等；而个人主义文化中的更多表达以自我为中心，如幸福，得意等[②]。一些研究人员通过调研发现加大拿人在面对失败带来的挫折时，更多在情感上具有独立人格（表现出强烈的愤怒、狂躁等）；而意大利人则表现出一种相互依存情感（伤心、沮丧等）。邹涛（2006）也针对文化和焦虑情绪的关系进行了研究，结论发现个人主义和集体主义与抑郁症的关系，研究结论显示二者相关性虽然存在，但结果并不显著。可见，有关文化与情感之间关系的研究应该是未来关注的重要内容。

已有关于个人主义与集体主义的研究，侧重于对这一文化现象本身的内容解构，进而将其用于国家层面分析国家间的文化差异、情感表现等。将个人主义与集体主义用于组织层面的研究则侧重其对团队结构、团队绩效等组织行为的影响，将其用于解读企业创新选择的研究还相对较少。然而，由于个人主义、集体主义与创新活动实施者——团队的关联性，使得借此探究企业创新活动成为可能。

---

① Cousins, S. D. Culture and self-perception in Japan and the United States[J]. Journal of Personality and Social Psychology, 1989, 56(1): 124-131.
② Fiske, A.P., Ktayama, S., Markus, H.R., Nisbett, R.E. The Culture matrix of social Psychology[M]. Handbook of social Psychology, Boston: McGraw-Hill, 1998: 915-981.

2.5　长期导向

2.5.1　长期导向概念的提出与内涵

长期导向最初是邦德（Bond）在针对 23 个国家的"中国价值观调查研究"中提到的，长期导向是儒家思想的教育与影响对东方人价值观影响所产生的结果①。结合这个特点，邦德（Bond，1988）指出长期导向就是人在生活中的长远观念或短期观念，与长期导向相联系的观念有：坚韧，即强调坚忍不拔的韧性，这是当面临困境的时候一种强大的心理承受能力，为了长远的目标而有所不为；勤俭节约，即强调未雨绸缪，无论贫贱与富贵，都能做到有约束的消费、生活；尊卑有序。作为传统儒家文化精神之一，它强调的是一种等级秩序的观念，是尊重传统的体现，是儒家核心思想"礼""孝""悌"的综合体现（黄仲儒，2010）。

霍夫斯泰德（Hofstede）在其 1991 年出版的《文化与组织》中，将长期导向与短期导向作为新的跨文化维度，指一国文化对传统的重视程度。其中具有长期导向倾向的国家意味着培育和鼓励以追求未来回报为导向的品德——尤其是坚韧和节俭。短期导向意味着培育和鼓励关于过去和当前的品德——尤其是尊重传统、维护面子、关注过去以及履行社会义务②。而关于霍夫斯泰德（Hofstede，1991）的观点，很多学者提出了不同的看法。房（Fang，2001）指出了其对于长期导向与短期导向的解释存在逻辑上的错误，彼此矛盾。诸如关注过去、尊重传统等本应纳入长期导向范畴的特征，全部都被划归到短期导向维度之下（梁欢，2010），陈瑾（2012）也通过研究支持了上述观点，并对长期导向进行了重新界定：长期导向倾向意指凡事都想到未来的

---

① Bond, M.J., Feather, N.T. Some correlates of structure and purpose in the use of time[J]. Journal of Personality and Social Psychology, 1988, 55(2): 321-329.

② Hofstede, G.H. Cultures and Organizations: Software of the Mind[M]. London: Mcgraw-Hill, 1991.

倾向，而非只看现在，目光短浅。

比尔登（Bearden，2006）对长期导向的内涵以及测量重新进行梳理并作出详尽的阐述，修正了霍夫斯泰德（Hofstede，1991）观点中彼此矛盾的部分，并指出长期导向具体可以划分为尊重传统性和长远规划性两个维度，是一种关于时间观念的文化价值观，这种价值观更关注对于未来长远工作的筹划与安排，对于短期行为所带来的收益不屑一顾。具备长期导向的成员尊重传统，可以持之以恒地为了未来的收益不懈的努力工作。新量表的构成从八个问题的构建中对于个人长期导向与短期导向进行了测量[①]。加内桑（Ganesan，1994）则从渠道内关系成员的角度对于长期导向进行了界定，指出长期导向是渠道成员希望与其他特定渠道成员保持和发展长期稳定关系的意愿，它是渠道成员的关于长久维护这种渠道关系可以有利于自身绩效提高的结果的感知。

很多国内学者认为中国人思维和行动的长期导向是传承且根深蒂固的（陈晓萍，2012）。杨清云（2008）指出长期导向是一种中国传统价值观，代表着目光长远、坚忍不拔、勤俭节约。梁欢（2009）指出长期导向即建立在中国传统价值观念基础上的勤俭节约、坚忍不拔以及深谋远虑的价值观。黄仲儒（2010）则在其关于中国消费者行为的研究中，对长期导向进行了界定：长期导向作为短期导向的对立面，是指关注长期发展杜绝短期行为。不盲目追随社会潮流，在尊重传统观念的基础上顺应现代化进程，坚持长远目标且量入为出。周茵（2013）则认为长期导向是企业与其合作伙伴长期合作意愿的体现，是一家企业希望与其合作伙伴通过长期交易合作来最大化其利润。

2.5.2　长期导向研究的应用

目前，国内外学者关于长期导向这一价值特征的研究主要集中在长期导向与知识共享、知识转移的关系，长期导向与消费者行为变量的关系，长期导向与合作关系以及信任与长期导向的关系这几方面。

[①] Bearden, W.O., Money, R.B., and Nevins, L.A. Measure of long-term orientation: development and validation[J]. Academy of Marketing Science Journal, 2006, 34(3): 456-467.

　　1. 长期导向与知识共享、知识转移

　　在当前激烈的市场竞争中，拥有持续的竞争力无疑是每个企业追求的目标，知识则是构建持续竞争力的关键来源，而有效的知识共享不仅能大大促进成员间知识的良性交流，并且有益于企业长远效益的增长（王国保，2010）。基于此，森格（Senge，1997）研究指出长期导向的员工将知识共享给其他成员，帮助其摆脱困境，一方面有利于与成员建立良好的伙伴关系，与此同时，知识的共享在促进成员共同进步之时也提高了组织的整体绩效。休等（Hew & Hara，2007）的研究证明了长期导向对知识共享有显著的正向作用，长期导向倾向越强，越有助于组织知识的共享。陈瑾（2012）对休等（Hew & Hara，2007）的观点进行了证明，并且进一步提出长期导向对关键知识共享和一般知识共享均有显著的正向作用，员工为了与同事建立长期的良好合作关系而愿意分享关键知识，虽然一般知识与自身利益并无太多牵连，但由于有助于融洽关系的建立，所以员工也乐于进行一般知识的分享。

　　　长期导向影响知识共享、知识转移的作用机制并非简单的直接作用，其中会涉及诸如组织承诺等组织变量的中介作用。在长期导向取向价值观的国家中，个体更倾向于表现做出承诺的行为与心理变化（杨清云，2008）。在中国，长期导向的员工意味着其更容易受到传统儒家文化熏陶的影响，尊重传统与社会习俗，他们认可关于承诺于组织是良好道德体现的观点，具备较强规范承诺。而组织承诺较高的员工会有更高的知识共享意愿（Hislop，2003）。除此之外，长期导向作为文化特征还会对知识转移造成影响。徐笑君（2009）以德资跨国公司为例，通过对 245 家德资跨国公司的中国子公司进行问卷调查，对于文化差异与总部知识转移动力、转移渠道的丰富性与知识转移效果之间关系的调节作用进行了深入的探讨，结论认为长期导向维度的文化差异负向调节着跨国公司总部的知识转移动力与其转移效果之间的关系，总部知识转移动力的增强会提高知识转移效果，而企业长期导向倾向则会削弱总部知识转移动力与转移效果之间的正相关关系[①]。

2. 长期导向与消费者行为

消费者是否具有长期导向，这会直接影响消费者的需求偏好、行为特征与消费走向。邦德（Bond，1988）指出节俭是长期导向的特征内容之一，而生活俭省、不铺张浪费、有计划是与消费最有相关性的长期导向的内容。注重长期导向的消费者，在消费过程中，会更关注产品的内在质量、可靠程度、售后保障等方面，而对于产品外观、市场潮流走向等问题并不介意（Keller，2008）。有些研究人员通过实证研究发现消费者如果长期导向观不同，则其花费观念以及信用卡使用过程中透支的观念是存在差异的。市场营销经理必须了解客户的时间定位，即客户属于长期导向还是属于短期导向，针对不同时间定位的客户可以选择使用不同的营销工具（Ganesan，1994）。对客户的时间定位认识不足可能导致相应的问题，例如在应该使用交易营销的时机错用了关系营销。买方/卖方关系中的长期导向是由两个主要因素构成的函数：相互依赖与彼此信任的程度[②]。依赖与信任是与环境的不确定性、特定的交易投资、信誉与买方（卖方）关系的满意度相关联的。麦克马伦（McMullan，2005）指出消费者的消费倾向变化的趋势、消费结构、购买商品的心理变化与具体行为都会受到消费者长期时间导向的影响。而比尔登（Bearden，2007）则通过案例研究发现长期导向观不仅会对消费者的购买行为造成影响，而且会塑造培养消费者勤俭节约的习惯。

部分学者利用长期导向这个价值观维度对中国消费者的消费行为进行研究，相关结论为中国企业营销策略的制定提供了数据支持和指引。李等（Lee & Dawes，2005）调查了广西地区的消费者，证明了中国消费者普遍存在长期导向的倾向。杨清云（2008）指出中国文化价值观中的长期导向观会促使消费者与已有品牌长期保持持续关系，并

---

① 徐笑君. 权力距离、不确定性规避对跨国公司总部知识转移的调节效应研究[J]. 经济管理，2010（1）：61~68.

② Ganesan, S. Determinants of long-term orientation in buyer-seller relationships[J]. The Journal of Marketing, 1994: 1-19.

不会因为当前即刻的吸引而作出购买决策，为了避免给未来带来不可预期的损失，在采购之前作出计划对长期导向消费者来说是非常必要的。黄仲儒（2010）通过实证研究发现消费者的面子观与长期导向对购买决策的影响，即作为中国消费者的重要特征之一，长期导向对于品牌偏好、时尚偏好、价格偏好会产生影响，长期导向和面子观的交互作用也会对上述决策风格产生影响。结论指出，长期导向与消费者的品牌偏好具有相关性，而与时尚偏好、价格偏好则无显著相关关系；并且在同等面子观的水平下，高长期导向的消费者在商品挑选时体现的品牌意识比低长期导向的消费者的品牌意识要更强。

3. 长期导向与合作关系

长期导向对于合作成功的必要性已经得到了很多营销领域学者的认可（Smith，1997）。多尼（Doney et al.，1997）在研究中发现，企业间合作的长期导向性与企业间长期绩效存在着显著正相关关系，也即长期导向性越强，将为合作双方带来更多、更长久的收益，合作双方的彼此信任类似于双方的承诺，对关系中的长期导向起到强化的作用，而同时可以降低离开意愿①。潘镇（2008）基于联盟的视角，指出联盟间成员的信任有助于联盟间关系长期导向的形成，从而对绩效产生积极作用。

长期导向作为关系要素，可以弥补由于人的有限理性所造成的合同制定的局限性。周茵等（2013）研究了基于制造商与经销商的关系，企业的长期导向（即与合作伙伴建立长期合作关系的倾向）对企业合同制定的影响作用。研究发现，长期导向对企业完备合同的制定有显著正向影响，并且在详细的交易条款与投机行为之间产生交互作用。也即详细的交易条款在企业长期导向较低的时候，会抑制对方的投机行为；而详细的交易条款在企业具有较长的长期导向的时候，则加重合作伙伴的投机行为。并且，长期导向倾向的增强会使得合同中对于可能发生的意外考虑的周全程度增强，进而使得对渠道投机行为的直接抑制作用增强。

---

① Doney, P.M., Cannon, J.P. An examination of the nature of trust in buyer-seller relationships[J]. The Journal of Marketing, 1997, 35-51.

当关系双方着眼于长期的结果，致力于产生持续的关系时，就存在长期时间取向（杨清云，2008），这种长期导向会引致可持续的合作关系。短期导向的零售商仅仅考虑当前的收益与选择，而长期导向的零售商则会聚焦于未来目标的实现，并且既考虑当前收益也考虑未来收益（Noordewier，John & Nevin，1990）。只关注当前关系的维系与运营，这是典型短期导向的渠道成员的观点；而作为长期导向的渠道成员，目光会更长远，既关注当前交易关系也注重未来取得的结果，甚至愿意牺牲短期利益而换来长期收益（Lush & Brown，1996）。感知公平显著促进了渠道成员的长期导向（张闯，2012），渠道成员在交易结果分配的过程中，只有感知到自己的付出获得了公平的回报才有可能进一步与其交易伙伴继续保持和维系原有渠道关系。同时，交易过程中规范的、公平的政策以及规则的制定与实施，能使得渠道成员感知信任（Griffith，Harvey & Lusch，2006）①，从而希望与其他成员保持长久的合作关系（Liu，Huang，Luo & Zhao，2012）。加内桑（Ganesan，1994）也强调合作关系的协同效应对于最大化长期交易结果的重要性，长期导向的企业在合作中更倾向于借助关系交换来实现长期交易结果的最大化。交换双方通过对合作关系的风险共担、资源共享以及共同出资三方面协同来实现最大化长期交易收益的目标。

4. 长期导向与信任

信任是一个人愿意依赖其充满信心的伙伴的意愿（Moorman，Zaltman & Deshpande，1992）。这个定义非常重要的一个方面在于信任作为一种信念和情感来源于合作伙伴的专业知识与可靠程度。已有研究证，信任、满意和依赖（Ganesan，1994；Lusch & Brown，1996）可以显著促进企业的长期导向，而企业长期导向也会推动信任的形成（Barnes，Leonidou，Siu & Leonidou，2010），这意味着二者存在交互作用。

企业间的信任会促进长期导向关系的形成。加内桑（Ganesan，

---

① Griffith, D. A., Harvey, M.G., Lusch, R.F. Social exchange in supply chain relationships: the resulting benefits of procedural and distributive justice[J]. Journal of Operations Management, 2006, 24(2): 85-98.

1994）通过实证研究对于买卖双方合作中的信任与长期导向之间的正向关系进行了证明，研究指出供应商的可以信赖程度与零售商的长期导向显著正相关。信任是合作双方交易的基础，代表着对彼此的信心，具备信任双方就可以减少在合作中监督控制与契约条款的使用，基于信任形成的合作的灵活性与适应性就得到了提升，所以信任与关系的长期导向之间存在着正相关的作用（Morgan，1994）。高莹（2010）指出交易伙伴间沟通与理解的增强，彼此的善意，增强了合作中的情感信任，双方进而持续通过共同协商维持合作关系，加强了关系的长期导向。田苗（2013）则进一步根据麦卡利斯特（McAllister，1995）对于信任的分类，考察了认知信任和情感信任与长期导向之间的作用，结论证明客户对其服务供应商的认知信任越强，则越有利于对客户关系的长期导向的形成；同时，如果供应商在交易过程中，重视客户对自身情感信任的塑造，即不仅考虑自身的利益，而且经常站在客户角度思考问题，关心其福利，这样则会增强客户对关系的长期导向。这个研究结论，对于在当前激烈的市场竞争环境下，企业思考如何能与合作方建立与保持长期稳定的合作关系提供了实践指导。

　　企业的长期导向倾向也会促进信任的实现。内文斯（Nevins，2007）通过对 292 名对象的实证研究，发现尊重传统与长远规划这两个长期导向的维度确实有助于较高道德规范水平的形成，并且与道德伦理价值间存在显著正向关系，从而有助于信任的建立。而短期的机会主义行为从长期来讲收益是非常有限的，因为这种投机行为会遭到其他合作成员的报复，并且破坏双方合作关系（Heide & John，1990），而长期导向对于机会主义行为的抑制会促进合作关系方建立长期关系，而从持续的发展中不断获得回报（Lusch & Brown，1996）。所以长期导向越强的成员就越会主动抑制自己的投机行为（Joshi & Stump，1999）。尚卡尔（Shankar，1994）也赞成上述观点，并在研究中指出了信任对于增强关系的长期导向的作用：信任增强了合作双方的信心，企业认为对方决策的制定都是建立在兼顾双方利益的基础之上，不会利用对方的弱点而采取机会主义行为；长期导向合作的收益弥补了短期不公平行为所带来的收益的损失；信任关系降低了合作双方的交易成本[1]。

综上所述，虽然长期导向作为一个文化维度由邦德（Bond，1988）提出以来，国内外学者关于其影响作用的研究涉及了包括消费者、知识转移在内的众多方面，但其对于作为企业构建持续竞争力的关键——创新行为选择的影响关系鲜有涉及，这也为本研究将长期导向这个文化维度作为前置变量探究其与探索性创新与开发性创新的关系提供了研究空间。

2.6 转型经济制度环境

20 世纪 80 年代末至 90 年代，随着计划经济体制在包括苏联、东欧各社会主义国家的纷纷瓦解，中国开始走向市场经济的道路，进入了转型经济时期，转型经济逐渐成为日益关注的热点。在这段时间里，不仅涉及社会主义市场经济制度的建设，实质更是一种大规模的制度变迁。中国转型经济遵循的不是转型经济理论的一般教条和国外转轨，而是选择具有中国特色的探索性改革道路，这形成了正式制度与非正式制度长期处于演进的状态。

2.6.1 转型经济理论

转型经济理论这一新兴学科的出现，是伴随着转型初期出现的通货膨胀加剧、经济停滞、财政赤字等一系列问题应运而生的，是实践的要求促进了这一经济理论的出现。所谓转型经济归根结底就是研究关于计划经济向市场经济过渡问题的经济学理论（Hoskisson，Eden，Lau & Wright，2000）。转型经济与成熟市场经济进行区分的重要特征为所有权形式的多样性（Li & Xia，2008）。转型经济学虽然并没有形成完整的理论体系，但在其发展的这段时间里，仍然有很多学者的研究成果值得借鉴与参考。

[1] Shankar, J.B., Barclay, D.W. The effects of organizational differences and trust on the effectiveness of selling partner relationships[J]. The Journal of Marketing, 1997(6): 3-21.

　　首先，热若尔·罗兰（2002）在其著名的《转型与经济学》一书中对于转型概念的诠释至今仍被奉为经典：较大规模的制度变迁或是经济体制模式的转换即为转型。吕炜（2002）则将改革与转型视为两个不同的阶段，主张改革是对其当前体制的不当之处所进行的改动，前提是过去传统模式性质并不改变，而转型则是强调一个相对短期内的关于经济制度与经济体制的迅速转变。吕东（2012）指出现在普遍接受的观点认为由中央计划经济向市场经济的转变即为转型经济，而除此之外也有观点指出转型既包括计划经济向市场经济的转换，也包括从经济广泛实行管制的经济体转型到自由市场经济，同时也将发展中国家对于经济市场化的推动以及经济振兴的实现过程涵盖其中（景维民，2008）。

　　一些国家在经由计划经济向市场经济转型的实践过程中，形成了两种改革模式：以苏联为代表的激进改革模式和以中国为代表的渐进改革模式。相关理论学者关于转型经济的研究大体也分为两种：一种赞成激进型改革，也称趋同型；另一种赞成渐进型改革，又称制度创新派。持激进改革观点的有萨克斯（Jeffrey Sachs）、布努诺（Michael Bruno）、胡永泰（Wing T. Woo）等，持渐进改革观点的有杰克逊（Garry Jefferson）、罗斯基（Thomas Rawski）、劳福顿（Barry Naughton）等，中国国内的许多经济学家如林毅夫、茅于轼等也持后一观点。

　　斯蒂格里茨（Stiglitz, 2002）就明确指出，以俄罗斯为代表的"激进型"转型经济模式以及以中国、越南为代表的"渐进型"转型经济模式，两者的过程与结果完全不同。20世纪90年代初，苏联解体后，俄罗斯采纳美国和世界银行的一批经济学家的建议，即所谓华盛顿共识，实行了激进的、休克疗法式的改革而最后以失败告终。俄罗斯"激进型"的转型模式之所以失败，归根结底问题在于其向市场经济转轨的过程中对于市场经济本质错误的理解，全面推行私有化、全面放开价格、取消国家计划、放开外汇管制等做法，使得俄罗斯在很短的时间里根本破除了传统的计划经济体制，可是在新的市场经济体制并没有确立的阶段，俄罗斯在经济体制转轨的过程中，并没有实现预期的经济增长，使得经济转型以失败告终。实际上，在做出市场经济模式选择的时候，必须以实际情况下市场经济的运行模式为基础进行选择而非毫不相干的完全竞争范式（Stiglitz, 2002）。在经济转型的过程中，和私有化相比，竞争更为重要。所以，建立公有与私有、集中与分散相混合的体制是现代市场经济的正确选择。

杨小凯（2003）认为"渐进"式改革观点的支持者忽略了经济改革与宪政转型的关系，而经济增长的最终源泉是制度与技术的创新，这些都是在给定的宪政制度下完成的。吴光炳（2008）认为经济转型主要包括三方面内容：（1）发展形态的改变，即从传统农业向现代工业的转型或从工业社会向信息社会的转变。（2）资源配置方式的改变，是指计划经济向市场经济的转变。（3）社会制度的变化。经济转型对于任何一个国家的制度来说，不发生变化是不可能的，差异在于程度高低。苏联和东欧国家由社会主义性质转变成资本主义性质是一种选择，而对于中国则面临着市场化、工业化和社会主义制度的完善三重重大转型。

2.6.2　转型经济的特征

关于中国转型经济的特征，很多学者提出了自己的看法与观点。谭等（Tan & Litschert, 1994）发现中国转型经济阶段（尤其指 1978～1990 年）中的企业，虽然在企业行为中无法摆脱长期受到中央控制的影响，但企业仍然在发展中，展现出各自的企业战略。即管理者在转型期为了求生存，面对环境的高复杂性、动态性而普遍采取"防守型"战略。而中国转型经济新阶段自 20 世纪 90 年代开始至今，在以社会主义市场经济发展为主的前提下，各种产权关系并存，尽管与成熟的市场经济国家相比较而言，中国的政策透明化程度仍存在差距，但也可以看到，中国随着信息化建设与法制建设的不断完善，技术创新与国家化程度的加强使中国企业面临新的竞争环境。谭（Tan, 2005）通过实证研究发现，相比 1990 年之前，企业的生存与发展的空间得到了扩展，而环境的不确定性明显降低，企业战略选择更趋向于能动型战略，其长期导向、风险偏好程度都显著增强。

吴敬琏（2008）也明确指出，中国实现经济发展模式转变过程中应具备以下几个特征：第一，诸如信贷资源、土地资源等一些重要资源的配置权属于各级政府，市场在资源配置中的基础作用无从谈起；第二，社会观点认同于从 GDP 增长的角度衡量与评价各级政府的政绩；第三，各级政府的财政状况与物质生产挂钩，各级政府的关注重点在物质生产部门的扩张上；第四，市场调控的力量在资源配置方面受到压制。

另外，在转型经济背景下，往往表现出企业所有权的多样性，如国有企业、私营企业、集体企业等，而我国现阶段转型经济过程中，政府仍然是控制经济的主体。虽然国有经济与非国有经济各占到 GDP 的 50%，但最重要的经济部门始终由国有经济控制，这意味着整个国民经济的命脉是由国有经济把握着。而这其中，作为中国国有经济的核心——特大型国企并不是真正市场经济意义的独立企业，虽然这些国企进行了股份化改造，但仍然改变不了其国有股一股独大的特征，企业的重大决策仍由政府作出，同时企业的运行也会受到政府的控制。另一方面，这些企业收获了来自政府支持的诸如贷款、行政性垄断地位等优惠条件。这就造成了民营企业在准入资格、融资等方面与特大型国企的不平等地位，这也成为民营企业在作出企业经营决策的时候，必须考虑到其所处环境的重要特点。正是基于这个特点，企业家在创新选择上更具有冒险精神、对于不确定性规避的程度更高，而相比起来，管理者则更趋向于稳健、保守的工作作风，因此企业家由于其健全的执行力和对于企业内外部环境变化的敏捷反应而获取了在更强的动荡环境中适应生存的能力（江诗松，2011）。

2.6.3　中国转型经济背景下的制度环境

中国处于经济体制转型期，制度环境和制度逻辑与西方成熟制度环境中的逻辑存在显著的差异（Child & Tse，2001；Child & Mollering，2003；Child & Tsai，2005）。已有研究围绕转型期内中国独特的制度环境进行了深入的探索，研究集中于探讨转型制度环境对国有企业、私营企业发展的影响，对于制度环境下的企业创新研究尚处于探索阶段。

转型期中国制度环境的特征。在中国的转型经济背景下，新创企业面临着更为复杂的制度环境，这种复杂性主要表现在三个方面：一是体制内组织与体制外组织并存的二元经济结构；二是以规则为基础的正式制度逻辑和以关系为基础的非正式制度逻辑共存；三是基于独特的关系文化而形成的以血缘、亲缘、地缘为纽带的资源配置方式。

从组织的体制属性来看，中国将"发展市场经济但保持一定程度的国有或宏观调控"作为推动经济转型的前提①，这造就了我国当前体制内格局和体制外格局并存的复杂经济结构（Boisot & Child，1996；Child & Lu，1996；Tan，2005）。所谓体制内格局，是指在自上而下的计划经济体制框架内，国家以条（工作组织的科层体系）、块（地方政府的管辖范围）等形式来控制和支配生产性的要素资源，格局内的构成主要包括政府机关、国有企业、行政事业单位、高校与科研院所等（边燕杰等，2006）。体制外格局则是指在以自由贸易与竞争为特征的市场经济框架下，外资企业、私营企业等主体在公平交易的原则下，在价格机制的协调下进行交换并配置资源。来自体制内格局和体制外格局的组织在社会分层体系中掌握着不同类型、不同质量的资源，且表现出不同的行为特征，这种差异来源于两种体制格局所秉承之社会规范差异以及格局内环境差异所致的运作逻辑差异②。如体制内组织处于社会分层格局中的较高层次，表现为一种权威性和聚焦性的社会权威（Blau，1977），凭借这种权威，体制内组织更注重并善于与体制内的行政主管部门建立关系来获取更多的资源（Tao & Zhu，2000）；体制外组织则更倾向于依托市场机制，借助竞争行动来获取资源，组织间往往依靠市场交换活动彼此传递非重复性信息，其连接的纽带不再是关系网而是交易链和信息桥（Boisot & Child，1996）。

从组织所遵循的制度逻辑来看，制度转型过程往往伴随着以关系为基础的非正式制度逻辑向以规则为基础的正式制度逻辑的转变（Peng，2003），而这一转变在中国情境下的表现更为突出。但是，正式制度安排的变革可能很迅速，而非正式制度安排由于具有深厚的文化

① Child, J., Lu, Y., Institutional constraints on economic reform: The case of investment decisions in China[J], Organization Science, 1996,7(1)7: 60-77.

② Child, J., Tse, D.K., China's Transition and its implications for international business[J]. Journal of International Business Studies, 2001,32(1):5-21.

基础，因而变革速度较慢（Child & Mollering，2003）。因此，在处于转型期的中国，组织的制度逻辑仍表现为规则逻辑与关系逻辑并存的结构。在规则逻辑指引下，企业更倾向于采取市场化战略，通过积累资源与能力塑造竞争优势；在关系逻辑指引下，企业则倾向于采取网络化战略，通过与社会分层体系中的高地位主体建立关系以获取重要的资源（Peng & Luo，2000；Peng，2003）。两种逻辑并存意味着规则中有关系，而关系中有规则。如博伊索特等（Boisot & Child，1996）指出，与西方的市场逻辑不同，中国的市场逻辑中蕴含着关系逻辑，表现为许多市场交易是通过基于个人互惠义务的网络关系内的协商而进行的。

从关系文化来看，中国拥有独特的政治、制度背景下的文化特征，表现为不同于欧美自由资本主义以及俄罗斯官僚资本主义的一种裙带资本主义（Boisot & Child，1996）。由于多种形式、多种体制属性经济组织的共存，以及规则逻辑和关系逻辑的交织，导致单纯依靠科层控制或单纯依靠市场调节都将指向无效率，因此中国只能寻求传统的方法降低交易风险，即依靠基于血缘、亲缘、地缘等关系的个人承诺与关系契约（Boisot & Child，1996）。如有些研究人员指出管理者往往需要与掌握关键资源的人建立紧密的关系，跟随其偏好，才能确保资源与合法性的获取。这种依托关系文化的经济交换更需要信任的维系，但信任很难建立于超越血缘、亲缘或紧密社会网络的一般关系（Child & Mollering，2003）。因此，尽管关系文化注重信任的建立，但信任不仅是制度背景下的产物，更是个体可改变的行为。这意味着企业应通过理性选择，借助信任信号的识别、可信度的衡量，从而在关系中建构信任以发挥关系的价值。

可见，中国转型期的制度环境具有较强的独特性，表现为多元制度要素的融合且其更强调关系文化背景下，关系导向制度逻辑的重要作用。因此，中国转型期的企业创新行为可能不同于西方市场逻辑下的创新行为，在中国转型制度环境下探讨企业创新方式选择（在探索性创新与开发性创新中进行选择与权衡），有助于揭示出中国情境下企业创新行为的独特规律。

第3章 组织文化维度影响企业探索性创新与开发性创新的模型构建

霍夫斯泰德（Hofstede）的跨文化维度是基于国家间的文化差异而提出的，但这些维度也能够用于组织层面乃至个人层面的分析，呈现出组织文化与个体性格的特征。就组织层面来说，权力距离、不确定性规避、集体主义倾向以及长期导向理念折射出组织文化的重要特征，且更符合中国情境的组织文化内涵。它们在程度上的不同，会对企业在探索性创新与开发性创新上的选择产生影响。更进一步，这种影响在中国转型经济背景下，在企业与具有不同体制属性的交易主体进行交易与合作的情境下表现出较大的差异。可以说，企业所处制度环境，即企业交易主体体制属性会对组织文化影响企业创新选择的作用路径发挥调节作用。

3.1 组织文化维度与探索性创新、开发性创新

3.1.1 权力距离与探索性创新、开发性创新

权力在科层组织中的分配往往是非均衡且缺乏公平性的（Hofstede，1980），而这种非均衡特性主要通过两种途径来体现，一是以组织结构为载体的权力分配，折射出科层层级所承载的权力结构。这种权力分配虽依据组织不同层级、部门、岗位的规模与职责而形成相对稳定的结构，但其非均衡性也更为固化而难以改变。二是以权力

授予为目标的权力分配，反应出权力配置的动态变化。依据工作任务需要而进行与任务相匹配的权力授予，这在权力分配方式、权责大小匹配上都更具灵活性。然而，无论是静态的权力分配结构，还是动态的权力授予过程，都蕴含着科层层级间的权力距离，即下属所感知到的相对于上级的权力差异[①]。

在科层组织中，权力距离并非与以组织结构为载体的权力分配相匹配，也不与权力授予结果——一对应，这种感知的权力差异来源于组织文化所营造出的组织氛围，使得下级形成有别于制度化权力的感知。下级较多地感受到来自上级的权力时常发生在官僚行政组织中。这种更具刚性的组织注重对任务进行高度的劳动分工和职能分工，以客观的不受个人情感影响的方式挑选符合职务规范要求的合格的任职人员，并对分工以后的专业化工作进行严密的层次控制，同时制定出许多程序、规则和标准，提倡以标准化来实现稳定性和可预见性。在这种情境下，下级的个性差异和人性判断被限定在最小范围内，其任务的完成更多地需要上级的分工指令和过程控制，因而权力距离较高。相较之下，在分权化的组织中，下级较少地感受到来自上级的权力。分权化组织以其弹性的结构、高度的授权，形成较少规则约束、较少指令控制的自由氛围，组织更注重员工个性的培养与发挥，尊重人性判断，消除了过多的规则、条例以及标准的约束。在这种情境下，上级与下级的关系以支持替代管理，以鼓励替代约束，因而权力距离较低。

权力距离的高低通过两种途径影响组织创新的选择。一是权力距离经由组织成员的平等期望与知识共享意愿作用于组织创新的方式。当下级较少地感受到来自上级的权力压力时，意味着上级以支持下级的态度替代管理的姿态，因而下级更可能形成关系平等认知，而将"平等"作为组织内的"期望规范"，即对群体中的其他人如何行事的认识。在这种期望规范的影响下，上级更加减缓对下级的直接权力指令，而下级则增强知识共享意愿，更加主动地参与组织学习，同时将自身拥

---

① Napier, B.J., Ferris, J.R. Distance in organizations [J]. Human Resource Management Review, 1993,3(4): 321-357.

有的显性知识与其他组织成员分享，从而促进组织内知识的流动与溢出，而这正是探索性创新所必需的知识基础。二是权力距离经由组织内部扁平化的结构与沟通系统作用于组织创新的方式。较低的权力距离往往发端于分权化的组织中，且在上下级权力差异感知降低的过程中组织的扁平化程度得以增强，因为下级在上级的支持下更加感受到才能施展的自由，更愿意发挥才干、释放价值，因而往往能够在工作中独当一面，更好地完成任务，所以组织能够以较少的层级、更高能力的部门与人员行使组织职能。在扁平化的基础上，较低的权力距离还促进组织中的沟通系统更为顺畅，这一方面源于组织成员的知识共享意愿，另一方面源于低权力距离驱动下组织成员在不同层级建立非正式组织的倾向，这使得组织得以建构起紧密的沟通网络，利于跨边界沟通的实现以及沟通效率的提升。

　　支持组织活动空间分布论的学者指出，处于某个科层组织层级、职能部门或工作单元的管理者，应当既关注探索性创新又关注开发性创新。然而，创新形式的选择取决于组织在结构、流程、资源等方面的表现[①]。首先，从结构层面来说，正式化、集权化、官僚化的组织中较多地通过开发性活动而实施开发性创新。斯托克等人（Stalker，1964；Damanpour，1991）研究发现，正式化和集权化是官僚组织的主要特征，而官僚化的结构如生产过程导向的组织更倾向于以开发性活动寻求开发性的渐进创新。而在以松散、扁平化结构为特征的研发部门和营销部门中，因其以非预测性研究项目、开发新产品、搜寻市场与顾客等为目标而更倾向于从事探索性创新活动。正如乌利齐等人（Ulrich & Wieland，1980）的研究所指出的，从长期来看，分权化组织能够创造更多的探索性新构想，而较少的创新构想能够在集权化的组织中被提出来。其次，从流程层面来看，严格的流程控制和指令则会阻碍创新，特别是限制探索性创新的实施，而顺畅的沟通流程与系统则成为有利于知识获取的重要机制以利于探索性创新。罗伊等人（Roy & Dhawan，2002）研究发现，良好的沟通系统将会帮助组织成员在其感

---

　　① Benner, M.J. Tushman, M.L. Exploitation, Exploration, and Process Management: The Productivity Dilemma Revisited[J]. Academy of Management Review, 2003(28): 238-256.

兴趣的领域更新知识并且可以提高生产效率；更进一步，跨边界沟通对于探索性新构想的产生至关重要（Christianson，2000）。大量的实证研究也显示，有着绵密的沟通网络的公司要比很少进行沟通的公司具有更好的探索性创新能力（Nohria & Ghoshal，1997）。最后，从资源层面来看，知识和信息是创新的基础，基于知识共享氛围的知识交流与获取更有利于探索性创新的实现。那些参与探索性创新这种非常规性任务的员工往往会抵制集权化的规则、程序、决策等，而更倾向于在权力距离低的平等、自由的环境中共享知识，从而激发探索性创新。相较之下，在涉及简单的、可重复的任务时，组织则倾向于整合并利用组织知识从而形成知识由组织提供的格局，以降低组织成员自己获取知识的必要性，这样，管理者就可以利用权威限制知识获取的强度和范围（Ruekert，Walker & Roering，1985），从而产生开发性创新。

鉴于此，低权力距离使得组织结构更加扁平化，促进良好沟通系统的产生以提高沟通效率，同时在组织成员中以"平等"关系作为期望规范，增进成员间的知识共享意愿以利于知识的获取，激发探索性创新。高权力距离驱使组织建立集权化的规则、标准与程序，限制探索性创新，转而经由官僚化的流程控制与指令促进组织对知识、信息等资源的整体提供，借此权力促进原有知识在原有市场中的开发性利用，以利于开发性创新的实施。由此，我们提出如下假设：

H1a：权力距离越低，企业越倾向于实施探索性创新。

H1b：权力距离越高，企业越倾向于实施开发性创新。

3.1.2　不确定性规避与探索性创新、开发性创新

企业的创新活动总是嵌入于复杂、动荡、具有高度不确定性的环境中。这种不确定性一方面来自外部市场环境与技术环境，另一方面则来自内部创新任务完成的路径、过程和结果。从外部来看，主导设计的出现与颠覆，突破性技术创新的产生，产品创新与工艺创新的交叠，这些来自技术环境中的力量推动着产业技术的演进与升级，也影

响着企业的创新活动。当技术环境中出现重大变革时，以这些现有技术为产品基础的公司，要么从外部引进新技术，要么可能被挤出该产业或者经过调整在该产业中扮演新角色。同时，企业也在进行探索式的、开发式的创新以推动产业技术的演化进程，希冀自己成为掀起技术变革浪潮的先驱。此外，市场是检验企业技术应用性与技术能力的唯一标准。源自市场中的顾客需求指标推动着技术创新的开展，而顾客价值、顾客满意度、顾客感知质量指标则折射出技术创新的成效。因此，当市场环境中顾客需求、顾客价值以不确定的趋势不断变化时，势必对企业技术创新的推进产生影响。

从内部来看，企业的技术创新任务往往具有复杂性特征，且因创新类型的不同而表现出不同程度的复杂性，而这种复杂性主要表现为创新路径、过程、结果层面的不确定性。从任务路径层面来看，创新实施的路径往往具有多重性，即存在多条实现创新最终状态的潜在路径，且不同路径的效率不同，因而只有一条路径可能以最高的效率指向创新目标的实现。这种关于多重路径与最优路径的不确定性，在创新活动的参与人不了解路径的数量、特征以及状况等信息的情况下被增强和放大。从任务结果层面来看，企业的创新活动经由不同的路径，存在多种可能的结果，使得任务在结果上具有一定的不确定性。加之一种预期结果的实现与另一种预期结果的实现可能存在矛盾，且创新参与人无法对预期结果进行预测或衡量，致使任务在结果层面具有不确定性。从任务过程层面来看，创新参与人很难获知什么样的创新路径能够引致什么样的创新结果，因此较高的不确定性源自多条路径与多种结果间的组合。

来自外部环境与内部环境的不确定性增大了企业从事创新活动的难度与成功率，而组织成员作为创新活动的参与人在不确定性上的价值观，即在不确定性规避上的表现则制约着环境不确定性在组织内的作用的发挥，影响着企业创新形式的选择与创新活动的实施。不确定性规避是指个体所感受到的不确定性和模糊性的威胁程度[①]。根据霍夫

---

① Hofstede, Geert. Culture's Consequences: Comparing Values, Behaviors, Institutions, and Organizations Across Nations[M]. Thousand Oaks, CA: Sage Publications. 2001:157-162.

斯泰德的研究，弱不确定性规避的人希望获得成功，并愿意为此承担一定的风险，且注重成就动机；而强不确定性规避的人则害怕失败，不愿意为了提高成功率而承担风险，更注重安全动机。因此，即使组织面对具有较高不确定性的环境，只要从事创新活动的组织成员能够容忍这种不确定性及其所带来的模糊性，就会减弱环境不确定性对创新的阻碍作用，更好地促进创新活动的开展。

　　不确定性规避在组织中的领导与成员两个层面的表现，均会对组织创新形式的选择产生影响。从组织领导层面来看，不确定性规避高的组织领导在指导创新任务时会感受到更多导致任务失败的风险，因而会在创新推进过程中采取更多的限制性措施以规避各种不确定性。如为了提高创新结果的可预见性，将现有知识用于创新而非探索性地挖掘新知识；对创新任务掌握更多的操控权以形成集权式的创新组织，希望创新进程朝着自己期望的既定方向发展，这些都更有利于开发性创新的实施。不确定性规避低的组织领导则较少地感知到创新失败的风险，更多地向创新活动参与人授权，支持创新人员间的知识共享与交流，以利于探索性创新。从组织成员层面来看，不确定性规避高的成员倾向于认为变化是有危险的，因而偏好正式的组织结构、严格控制流程、详细的上级指导等。同时，他们认为吸收、利用新知识是有风险的，即使新知识能够提高创新的效率，他们也避免采纳新知识，而喜欢应用"擅长的知识"。霍夫斯泰德（Hofstede，1980）不确定性规避低的组织成员对变化有很强的偏好，不喜欢受到正式规则、严格标准的限制。他们更愿意不断探寻新知识，发掘新的做事方法，将新知识用于创新过程中，以激发探索性创新。

　　在经由组织领导与组织成员所营造的不确定性规避氛围中，对不确定性规避程度的高低会经由对知识转移的作用影响创新的选择。由于创新所依据的知识往往具有默会性特征，这就增加了知识转移的不确定性，而这是不确定性规避高的人们不希望看到的。因此，不确定性规避程度高的组织氛围由于对不确定性的容忍程度低，会阻碍默会性知识的转移，从而成为探索性创新的文化性障碍。由此，我们得出如下假设：

H2a：不确定性规避水平越低，企业越倾向于实施探索性创新。

H2b：不确定性规避水平越高，企业越倾向于实施开发性创新。

3.1.3　个人主义/集体主义与探索性创新、开发性创新

在霍夫斯泰德的概念体系中，个人主义文化注重个体的独立性与身份认同，并将勇敢、创造、自信、独立、节俭作为其核心价值观（Hofstede，1984；Triandis，1995）。而集体主义文化更注重相互依赖和团队内的和谐，其以互惠、业务、责任、传统、依赖、和谐、服从权威、平衡以及适当的行动作为价值观[1]。个人主义文化中的个体努力通过超越组织规范的行动以获得独特的认可与对待，而集体主义文化中个体则更倾向于理解、遵从组织规范，从而在特定的组织环境中达到组织标准，而不是超越标准（Azuma，1994）。

个人主义文化与集体主义文化投射在创新的组织形成层面即表现为以个人形式或团队/小组形式完成创新。在具有个人主义倾向的组织中，更易于形成激发员工以个体为单位的创新。以个体为单位不是要否定团队合作，而是去除员工个体创新的组织局限，即不限定具体的组织形式，要求员工必须参与其中才能实施创新。而在具有集体主义倾向的组织中，组织常设立新产品开发小组或技术研发团队来推动创新。从组织结构的角度来讲，进入团队结构实施创新的个体不得不压抑自身的个性、能力和创新欲望，因此个体的创新潜力将受到团队式组织结构的阻碍。同时，团队中的个体还不得不遵守团队的制度约束，应对团队中不可避免会产生的成员差异，这势必会牵扯他们的精力，使其更多地将本应用于个体创新等个人事务上的精力投注于完成团队任务上（Montuory & Pursor，2000）。尽管团队在组织结构上可能阻碍个体在创新上的投入，但团队确实能够通过集体主义价值观的培养创造和谐合作的氛围。不过有研究指出，团队对于创新合作的促进使其更适合用于创新活动的执行阶段，而由于其会对创新不可或缺之创造

---

① Triandis, H.C. The self and social behavior in differing cultural contexts[J]. Psychological Review, 1989, 96(3):506-520.

力形成阻碍，因而不适用于创新构想与设计阶段[①]。

　　创新是一个发现、识别甚至创造机会进而通过对机会的利用释放机会价值的过程。在这一过程中，企业的开发性创新活动往往开启于对机会的发现或识别，即发现本已存在的机会或识别出有市场需求而没有技术供应的机会。机会的发现与识别有赖于创新人员的经验积累与理论反思，需要不断累积现有知识并对现有知识进行反思与重构，从而形成依托现有知识的开发性创新。从这一角度出发，开发性创新更需要创新人员利用现有知识形成对创新构想的收敛性思维，这往往要在遵循集体主义的团队中才能实现。利用这种收敛性思维，团队能够过滤出不切合实际的创新构想或机会以利于管理决策（Milliken，Bartel & Kurtzberg，2003）。尽管这些构想和机会可能在未来发展成为有价值的收益，但因其较高的探索性与不确定性有违团队的收敛性限制，因而不得不被淘汰。更进一步，团队中成员间的互动能够驱动、激发兴趣的产生，增加团队任务的复杂性，同时引入竞争的压力，这些都会促进个体和团队的创造力。但是，团队中存在的一致性压力或称从众压力固然能够使得团队在任务完成的一致性以及团队的产出效率方面有较好的表现，但它更会形成对团队创造力的阻碍（Goncalo & Staw，2005），因为个体迫于从众压力而不敢冒进，不敢突破团队现有知识而进行探索。

　　探索性创新活动开启于对机会的创造，即尽管想到了机会的可能性，但无法证明机会的必然性，因而需要创造性地利用机会。机会创造有赖于创新人员超越现有知识的局限，以具有创造力的想法建构不同于以往的新知识并将其运用于创新的过程以激发探索性创新。冈卡洛等人（Goncalo & Staw，2005）曾指出，具有创造力的创新构想往往指引着人们以不同的方式开展创新活动，因此这种构想的创新性、探索性越强，人们越可能与组织现行的信念与价值观相背离，从而跳脱团队、小组等组织的局限，以个体的方式完成创新。这正是组织常把最具创新性的想法与个人看作组织的内部威胁的深层次原因，也正

　　① Goncalo, J.A., Staw, B.M. Individualism-Collectivism and Group Creativity[J]. Organizational Behavior, 2005, 11(1): 1-31.

因为如此，那些掌握组织资源、控制组织文化的管理者更倾向于以团队的组织形式限制个体的发展，限制探索性创新构想的产生（Frost & Egri，1991；Nemeth，1997）。由此，我们得出如下假设：

H3a：个人主义倾向越强，企业越倾向于实施探索性创新。

H3b：集体主义倾向越强，企业越倾向于实施开发性创新。

3.1.4 长期导向/短期导向与探索性创新、开发性创新

在霍夫斯泰德的国家文化维度模型中，长期导向是后续补充的新维度。长期导向意味着培育和鼓励以追求未来回报为导向的品德——尤其是坚韧和节俭。在长期导向高的国家或社会中，人们倾向于节俭、容忍和积累，追求长期稳定的、高水平的生活。而短期导向意味着培育和鼓励关于过去和当前的品德——尤其是尊重传统、维护面子以及履行社会义务。在长期导向低的社会中，人们倾向于追求现世价值，注重眼前的物质利益并借此沿循传统和赢得尊重[①]。基于此，霍夫斯泰德将长期导向作为经济增长的根源，但投射在组织层面，长期导向更能体现组织的文化特征。

从组织层面来看，在长期导向的组织文化中，人们不单单以现在作为目标导向，更重要的是关注未来，树立长远的目标。为了实现长期目标，人们倾向于将节俭、毅力等儒家思想所倡导的伦理价值作为目标实现路径的关键。这种长期导向的观念较为符合韦伯的新教伦理理念，后者更突出工作的重要性，更强调节俭生活和资本积累，这对市场经济伦理道德和资本主义的发展起到了重要的作用（Davies，1992；Delacroix & Nielsen，2001）。更进一步，长期导向的伦理观念从两个方面促进企业创新活动的开展。首先，长期导向的伦理观念使得企业关注行业发展、技术演进等外部环境中的长期性、趋势性因素，借此激发企业从未来应用性的角度思考探索性创新的构想。在长期导向目标的指引下，企业会更多地考虑创新成果在较长的时间内对企业竞争力的支撑作用，因而重视创新在未来市

---

① Hofstede, G.H. Cultures and Organizations: Software of the Mind[M]. London: Mcgraw-Hill, 1991.

场的应用性，这将促进企业时刻关注行业中技术领域的变化，把握趋势性、支配性的新知识，将其用于企业的创新实践以激发探索性创新构想的产生。其次，长期导向的伦理观念通过节俭使企业得以将资本逐步积累起来，为企业探索性创新活动的开展与执行创造条件。由于创新目标设立的长期导向特征，企业的创新目标实现过程往往具有长期性，在这个长期的过程中，需要更多的资源投入且坚定不移地追求最初的目标，因而要规避机会主义行为。长期导向理念所产生的节俭与毅力，促使企业积累用于创新过程的资源，同时节约了机会主义行为带来的交易成本，因而有利于探索性创新的实施。

组织中的长期导向文化被理解为关注未来发展，注重长远利益，因此与关注过去和现在的短期导向文化相对应。诸如"尊重传统""从过去的经验中学习"都被视为有悖于长期导向的特征，因而要将它们归于短期导向的范畴。相较长期导向在时间维度上的系统性观点，短期导向更倾向于间断性地看待时间，关注眼前利益和短期利益，注重事件的现实性发展。这一理念对企业创新活动的影响主要体现在两个方面：第一，关注眼前利益意味着企业需要更快速地实施创新活动，且快速利用创新成果赢得短期利益。时间的缩短降低了企业广泛搜寻、研究、创造新知识的可能性与可行性，企业唯有"从过去的经验中学习"，利用现有知识开展开发性创新活动，以实现时间维度上的要求。第二，短期导向会降低员工的知识共享意愿，不利于新知识在组织内的传递与创造，也不利于探索性创新的产生。短期导向的人常以眼前利益作为看待事物的标准，更加尊重传统，沿循组织以往的惯性做法。他们不能够充分意识到组织的未来发展给自己带来的好处，因而不愿意为此与组织内成员保持良好的关系，共享自身拥有的知识、技术资源。因此，从眼前利益出发的短期导向阻碍了组织成员的知识共享意愿，减少了新知识的产生，转而利用过去经验与现有知识实施开发性创新活动以促进现实利益的快速实现。由此，我们得出如下假设：

H4a：组织的长期导向越强，企业越倾向于实施探索性创新。

H4b：组织的长期导向越弱，企业越倾向于实施开发性创新。

3.2　企业交易主体体制属性的调节作用

3.2.1　企业交易主体体制属性对权力距离影响探索性创新与开发性创新的调节

在中国的转型经济背景下，主要存在两种体制格局，这两种体制格局中的资源配置以及权力结构表现出不同的特征。中国的转型经济假设是：发展或至少模拟市场经济，同时保持一定程度的经济所有权或国家控制。这一假设折射出体制内格局与体制外格局并存的转型经济情境（杨俊、韩炜、张玉利，2014）。所谓体制内格局，即在由上而下的计划经济体制框架下，作为主体的国家以条（工作单位的科层体系）、块（地方政府的管辖范围）的形式控制和支配所有资源（边燕杰等，2006）。在体制内格局中，国有企业是反应体制特征的重要指标，他们是国家分配社会资源的重要渠道。国家往往通过行政指令根据国有企业在国家行政体制中的地位将资源有差别地实施配置，因而国有企业会在资源最大化获取的动机下在体制内与行政部门建立关系[①]。因此，一方面，体制内组织遵从国家行政体系中的权力结构而配置自身的权力体系，形成较高的权力距离；另一方面，体制内的组织网络是以关系网来建构群体间纽带的（Tao & Zhu，2000），且将"关系"作为指导群体行为的暗示规范。

体制外格局意指在自由贸易、公平竞争的市场经济体制框架下，包括外资企业、私营企业等在内的非国有企业通过公平交易与价格机制交换并配置资源。在体制外格局中，各类企业主体难以在国家行政体系中找到适宜的行政代理人，因此更侧重于经由企业网络获取嵌入或浮现于网络中的资源（Zhou，2000）。加之体制内的资源配置方式挤占了体制外组织的资源获取空间，导致我国现有的战略要素市场不

---

① 边燕杰等. 结构壁垒、体制转型与地位资源含量[J]. 中国社会科学，2006（9）：100~109.

完善成为体制外组织获取资源的制度性障碍。[①]此外，在体制外格局中，群体间往往依靠市场交换活动来彼此传递非重复性信息，其连接的纽带不再是关系网而是信息桥。因此，体制外组织更遵从市场经济框架下的平等规则，并将其作为组织内部权力分配与资源配置的基础，因而形成较低的权力距离，但同时也通过与体制内组织建立关联而渗透到体制内格局中以获取资源。

与企业进行交易或合作的交易主体体制属性会对企业创新活动的实施产生重要的影响。当企业的交易对象以体制内组织为构成主体时，交易主体可能会掌握较多来自社会权力体系的资源，即资源获取是以权力配置为背景的。企业有机会在与体制内组织合作开展创新活动时获取更多的资源，但必须以适应体制内组织在"权力"与"关系"上的期望规范为前提。由于体制内组织的权力距离较高，即下级感知到的相对于上级的权力差异较大，意味着下级更尊重上级的权威，致使体制内组织中等级制度发挥的作用更为显著，沟通主要依靠行政指令遵循自上而下的程序进行。为了与体制内组织进行联合创新以获取资源，企业需要融入体制内组织的权力距离氛围以及严格控制的沟通体系与流程，从而在创新活动的组织中增大权力距离。随着权力距离的增大，创新组织中创新活动参与人员更加感受到来自上级的权力压力，这种压力更多地来自创新合作方的体制内组织，致使成间的知识共享意愿降低，更多地将原有知识内容、技术轨道用于创新过程中，从而在探索性创新活动中融入开发性创新的要素，或在开发性创新活动中增加开发性创新要素的投入。由此，我们得出如下假设：

H5a：企业交易主体的体制属性负向调节权力距离与探索性创新的关系

当企业的交易对象以体制外组织为构成主体时，尽管交易主体掌握的权力背景性资源相对于体制内格局较为有限，但体制外组织在市场运作方面的知识结构更加丰富，更熟悉市场运作与竞争规则，更善

---

① 杨俊，韩炜，张玉利. 工作经历隶属性、市场化程度与创业行为速度——基于 CPSED 调查数据的实证研究[J]. 管理科学学报，2014.

于借助市场机制与竞争行动积累资源。利用这种知识优势，体制外组织能够在与企业展开联合创新活动时为企业提供技术与知识层面的指导与支持。同时，体制外组织中较低的权力距离，使得组织成员的知识共享意愿更强，组织内的沟通更为顺畅，组织流程以自下而上的反馈为主。当与体制外组织进行合作时，企业需要参与到体制外组织共享式的氛围中，主动分享自身拥有的知识，与创新任务参与成员展开良好的沟通与交流，这样才能够更好地实现协同任务。因此，在双方展开探索性创新合作时，企业为了获得体制外组织市场导向性技术的指导，需要与体制外组织共享知识，营造低权力距离的氛围，从而增进探索性创新要素的投入，或在开发性创新活动中融入探索性创新要素。由此，我们得出如下假设：

　　H5b：企业交易主体的体制属性正向调节权力距离与开发性创新的关系

3.2.2　企业交易主体体制属性对不确定性规避影响探索性创新与开发性创新的调节

　　中国的经济转型虽然推动着经济体制由计划经济逐步向市场经济过渡，但在这渐进的转型过程中，计划经济体制下的经济主体仍居于社会经济系统中较高的阶层，掌握着更充裕的资源。从社会分层理论来看，在社会经济系统中资源呈现"金字塔"式的分布，并且在不同阶层间表现出差异化的分布特征，即处于金字塔顶端的个体或组织因较高的社会地位而掌握较多的资源，而处于金字塔底端的个体或组织掌握的资源却较少。[①]而在中国的转型经济背景下，处于"金字塔"顶端的往往是体制内组织，体制外组织则更多地处于"金字塔"底端。更进一步，在社会分层体系中不同阶层间还存在诸如职业、单位等的结构壁垒，掌握更多资源的职业、单位将资源控制在其结构壁垒之内，限制资源的跨壁垒流动，导致社会分层体系中不同地位的资源含量差

---

① Lin, N. Social Capital: A Theory of Social Structure and Action[M]. Cambridge: Cambridge University Press, 2001.

异化。因此，体制内组织在掌握更多资源的同时，由于善于与国家行政体系中的部门建立关系，而依据其建立在权力结构基础上的职业、单位等结构壁垒，有效地控制资源的流动，使得其对资源的掌控更具持久性。相较之下，体制外组织拥有的地位资源含量较低，但却游离在利用市场方式赢得资源与渗透到体制内组织中获取资源之间，这也使其具备一定的资源获取能力，不过对关键资源的掌控力不足。

尽管体制内格局中蕴含着较多的资源，但这些资源多是体制内组织借助与行政部门的关系而调用的资源，资源更具有行政化背景，且主要表现为资金资源、供应资源等物化资源。这种物化资源固然能够帮助企业在创新活动的实施阶段，促进创新构想的执行，但其对降低创新任务源于创新信息不对称方面的不确定性却作用有限。同时，在体制内格局中，组织常具有科层化、官僚化的组织结构，组织层级较多，信息传递与沟通系统较为复杂，因而信息流动与处理的时间较长，程序较为复杂。加之，体制内组织中领导的指令传达市场较为模糊，致使任务信息的因果关系链不连贯、不清晰，从而形成组织内较高不确定性的氛围。当企业与体制内组织建立协同以开展创新时，一方面，意欲从体制内组织获取资源促进创新的意图，可能因体制内组织指令、信息模糊的氛围而提高不确定性；另一方面，当需要体制内组织做出创新活动的配合时，可能因后者沟通系统与审批流程的复杂化，而延长创新任务的时间，提高过程与结果风险。由此，体制内格局中指令信息模糊的组织氛围，加之冗长、复杂的沟通、审批流程，使得高不确定性规避的人更多地感受到不确定带来的风险，更加裹足不前；而使低不确定性规避的人更加谨慎地对待创新任务，特别是体制内的工作方式，当其不熟悉时，更会提高对风险的感知，促进其谨慎选择现有知识进行小幅的开发性创新。由此，我们得出如下假设：

H6a：企业交易主体的体制属性负向调节不确定性规避与探索性创新的关系

相较之下，体制外格局中具有丰富的市场运作、顾客需求方面的信息与资源，以及关于技术的市场应用性等知识资源。前者通过体制外组织与企业的合作创新帮助企业了解顾客需求,据此建立创新目标,经由市场运作知识的传递,使得企业创新的产品更符合市场需求,这有助于降低深陷其中的创新企业在实施创新时所面临的来自市场环境的不确定性。后者则在创新任务完成过程中被用于创新的路径选择、过程互动、结果衡量等,这有助于减缓创新任务在路径、过程、结果层面的不确定性。由此可见,当创新企业对不确定性有偏好时,体制外格局中的信息和知识资源由于能够降低创新环境和创新任务的不确定性,因而使得高不确定规避的人更少地感受到不确定性的存在,使本来就能容忍风险的人、低不确定性规避的人无需考虑风险的影响,从而大展拳脚地开展创新。由此,我们得出如下假设:

H6b:企业交易主体的体制属性正向调节不确定性规避与开发性创新的关系

3.2.3 企业交易主体体制属性对个人主义/集体主义影响探索性创新与开发性创新的调节

从企业网络的角度来看,大量研究关注了网络的结构与特征对具有集体主义氛围的团队从事探索性创新或开发性创新的影响,且研究主要集中在两个方面:一是网络结构作为调节变量影响团队对创新形式的选择。汉森(Hansen,2001)研究发现,创新团队在企业网络中的位置会影响其创新绩效的表现,而这一作用机制要受到团队任务类型的调节,即在创新团队从事探索性创新任务或开发性任务的不同情境下,创新团队的网络位置会对其绩效产生不同程度的影响。当创新团队所从事的是探索性创新任务时,其所处的网络位置对于绩效提升的作用更为重要,因为较为核心的网络位置能够为创新团队提供探索性创新所需的新知识与关键资源。当创新团队所从事的是开发性创新任务时,其所处的网络位置会对绩效产生负面影响,这可能源自开发性创新的开展有赖于减缓外部的限制与约束,而中心度较高的网络位置会使创新团队过多地受到外来因素的影响。这意味着探索性的创新团队获益于包含强联结、非冗余联结的网络结构,而开发性的创新团队获益于包含弱联结的网络结构。二是关注嵌入社会网络的程度对团队创新的影响。有的学者研究发现，连接并嵌入到组织的社会网络中的团队，更易于得到来自社会网络的支持与资源，这将有助于组织对创新构想的成功实施。更进一步，在社会网络中，对于具有较高中心度的团队，能够获得来自网络中各方用于创新的新知识以利于创新。但关于社会网络的研究并没有区分团队在探索性创新与开发性创新上的选择，仅仅凸显了社会网络的重要作用。

在中国情境下，企业的交易或合作对象是具有不同体制隶属性的企业或组织，因而具有体制共存的特点。源起于 20 世纪 80 年代双轨制运行的体制共存现象，到了 90 年代以后，其以路径依赖作为主导逻辑：市场在经济和政治两个领域平行发展，共同推动着经济体制改革的进程①。这意味着代表体制外力量的市场规律和代表体制内力量的权力规则共同制约着资源的配置（Zhou，2000）。企业交易主体体制共存意味着，一方面，企业需要借助弱联系收集创新构想所需的信息，以克服信息不对称所带来的困难；另一方面，企业必须通过强联系与其他企业或组织进行资源、知识乃至人情的交换，以获得推动创新的实质性帮助。这意味着，作为信息桥的弱联系和作为人情网的强联系都将发挥作用，但其对创新类型的影响不同，这取决于企业交易主体特别是居于核心位置主体的体制隶属性。

当企业的交易主体表现为不同的体制隶属性，而使得企业所处的制度环境表现为不同特征时，其会对企业的创新选择产生情境化的影响。当企业的交易主体具有体制内属性时，其更可能将与之进行创新合作或在创新活动上存在联系的企业纳入其"自上而下"的组织系统，以"自上而下"的运行逻辑建构创新流程。体制内格局建构于自上而下的计划经济基础上，依靠"条"和"块"两个组织系统控制和支配所有的资源。其中，"条"就是组织的科层体系，"块"则是地方政府的管辖范围。这种自上而下的经济结构使得体制内组织以其作为组织结构和运行流程设立的标准，并且依循自上而下的逻辑形成创新流程。

---

① Parish, W.L., Michelson, E. Politics and Markets: Dual Transformations[J]. American Journal of Sociology, 1996, 101 (4): 1042-1059.

在体制内格局中，创新的构想产生于组织的顶端而非具有个人主义倾向的底端，创新的实施是自上而下的，自下而上的信息反馈不被鼓励或传递速度很慢。因此，当企业与体制内组织进行创新联系或合作创新时，企业内的个人主义倾向可能因体制内格局自上而下的创新流程而受到压制，而集体主义倾向可能得到鼓励并推动创新的顺利开展。原因在于，体制内组织自上而下的创新流程，不鼓励个体创新而以团队形式开展创新的做法，会在团队内对个体施以巨大的社会压力，这种压力主要来自遵守、奖励、惩罚等团队规范的形成。尽管这种压力也能够形成对团队积极性的促进，使得团队成员更关注细节，但同时也会使团队更少地接受异常行动，因而援引新知识的探索性创新将难以产生，团队更倾向于在利用现有知识与技能领域寻找解决办法，以增加公司开发性活动的比例。由此，我们得出如下假设：

H7a：企业交易主体的体制属性负向调节个人主义文化与探索性创新的关系

相较之下，体制外格局奉行"自下而上"的运作逻辑，允许创新构想来自基层员工，并鼓励个体形式的创新。在这种逻辑的指引下，组织能够实现部门、层级以及技术层面的跨界搜索，这将有助于组织培养通过重组跨边界知识从而创造新知识的能力，提升组织从事探索性创新的水平。如果仅能进行本部门内部的搜索，正如在体制内组织中所出现的，部门间、层级间显著的等级制度将部门独立于其他部门之外，因而跨边界搜索难度较大，那么组织不得不利用现有知识进行开发性创新活动。当企业与体制外组织建立创新联系时，其个人主义的创新做法将被鼓励和放大，更好地释放个体创新的价值。正如戴尔公司所做的，其倡导以 BPI（Business Process Improvement）为主旨"全员创新"，激励全体员工持续地开展创新，以配料过程为例，一项员工自主研发的小技术，却为公司带来了巨大的效益。企业与体制外组织合作创新的流程中，将会有更多的创新构想以"点"的形式涌现出来，自下而上地提供给企业高层，并将新知识源源不断地纳入企业的创新体系，形成对既有知识系统的有益补充。而新知识的利用更有利于探索性创新，这意味着个人主义推动探索性创新的作用更为显著。在与体制外组织的创新任务中，集体主义并不会被限制，创新仍会以团队的形式展开，而且集体主义的作用不仅仅被限定在对现有知识的运用上，也会融入新知识的创造，因为团队中的个体作用得到了释放。由此，我们得出如下假设：

H7b：企业交易主体的体制属性正向调节个人主义文化与开发性创新的关系

3.2.4　企业交易主体体制属性对长期导向/短期导向影响探索性创新与开发性创新的调节

长期导向是霍夫斯泰德在研究中国和亚洲等国家的文化价值观时发现的一个维度，因而其更具有中国情境的文化特征。根据邦德等人（Bond，1987；Peng，2000）对中国价值观的调查，长期导向的文化或者说伦理理念与中国传统文化中的儒家教义较为吻合。指向正向的、动态和未来导向文化的长期导向理念对应着儒家价值观中的坚忍、谦卑有序、节俭和羞耻心，代表负向、静态、传统和过去导向文化的短期导向理念则对应着儒家价值观中的稳重、要面子、尊重传统和礼尚往来。由此可见，长期导向和短期导向更具有中国情境的文化特征，更会受到中国情境背景和中国转型经济背景的影响。

在中国的转型经济体制格局中，由于体制内组织是在国家的行政指令安排下，依据其自身在国家行政体制中的地位而获得相应的资源（边燕杰，2006），因此体制内组织在资源配置方面要在一定程度上受到国家行政权力的影响。特别是在人力资源的调配与管理上，行政权力的影响可能更为明显，主要表现为高层管理者的行政任命、任期制等。由于体制内组织的高层管理者更期望在较短任期内做出较好的业绩，因而更倾向于在收效快、效益好的项目或任务上投入较多的资源。而倘若以新知识投入项目或任务，或者必须创造新知识才能使得项目或任务取得效益，这将会延长项目的收获期，甚至长至超出高层管理者的任期。从演化理论来看，人类不具有利他主义动机，而任期有限的高层管理者缺乏为继任者开发、培养、积累资源的动机，因此高层管理者更热衷于制定短期目标，在任期内能够获得收益的创新活动上投入资源。在这种情况下，当营造出长期导向文化的企业与体制内组织建立创新联系时，企业对未来创新目标的追求可能因体制内组织对创新项目周期的要求而受到限制。尽管企业从竞争优势的持久性角度考虑，选择可持续的创新项目使创新成果更具竞争力，但体制内组织在高层管理者任期限制的要求下，更倾向于在短期创新项目上与企业展开合作，而以往经验与知识的投入更符合创新活动在时间维度上的要求。对于那些营造出短期导向文化的企业而言，对创新活动的眼前利益的关注恰好符合体制内组织的时间维度要求，因而将更推进投入以往经验和现有知识的开发性创新活动。由此，我们得出如下假设：

H8a：企业交易主体的体制属性负向调节长期导向文化与探索性创新的关系

在体制外组织的构成类型中，外资企业的职业经理人制度加之"金手铐"、股权激励等措施的采用，使得高层管理者为最大化企业利润而努力工作，促进个人目标与组织目标相统一；而私营企业则由于所有权与经营权的统一，因而管理者会从企业角度出发选择创新活动的开展。更进一步，体制外组织是深谙市场运作知识的组织，它们理解竞争优势持久性的内涵，懂得只有秉承面向未来、坚持不懈地开展创新，培养并积累用于未来事业的资源的长期导向目标，企业才能够在对抗性的竞争环境中打败竞争对手，获得超额收益，成为市场上的赢家。当营造出长期导向文化的企业与体制外组织建立创新联系时，双方在目标的时间维度上的共性特征会促进其创新协同行为的产生，且其在创新项目的选择上更倾向于长期合作项目。在双方的协同创新过程中，由于秉承着共同的目标，遵循着同样的创新逻辑，志同道合的创新参与人的知识共享意愿更强，有利于激发新知识的产生，而新知识的投入推动探索性创新的涌现。相较之下，对于营造出短期导向文化的企业，在与体制外组织的合作过程中，后者会选择注重长远利益的创新项目，引导企业在长期项目上投入更多的资源，尽管包含现有知识的投入，但在长期合作过程中成员间的互动与交流也有利于新知识的产生与投入，从而在开发性创新中融入探索性要素。由此，我们得出如下假设：

H8b：企业交易主体的体制属性正向调节长期导向文化与开发性创新的关系

基于前述理论假设的推演，我们得出如图 3.1 所示的理论框架。

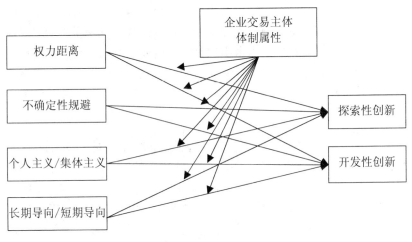

图 3.1　本书的理论框架图

第 4 章　实证研究设计

　　鉴于组织文化、创新形式、转型经济等构念本身度量的模糊性，本书在进行研究设计时尽量选择相对成熟的量表来度量核心构念。在组织文化上本书选取了霍夫斯泰德（Hofstede，1991）的文化维度，借用多尔夫曼等人（Dorfman & Howell，1988；Bearden，2006）已经过信效度检验的典型问项进行数据收集。在创新形式上，本书以马驰（March，1991）关于探索与开发的两分法为基础，借用詹森（Jansen，2006）对探索性创新和开发性创新的量表问项进行数据收集。在转型经济的考量上，本书借鉴了边燕杰（2006）、博伊索特等人（Boisot & Child，1996；Child & Tse，2001）的相关研究结论进行了量表设计，只有这样才能保证变量测量的内容和含义基本保持一致，从而确保构念效度，因而具体的量表设计的基本思路如图 4.1 所示。

　　在具体方法选择上，由于本书所研究的所有构念都属于难以直接观测的内容，因而借助结构方程方法进行实证检验显然是一个较好的选择。为了更好地验证这些假设，首先需要对所使用的方法、样本的选取以及数据的收集进行分析，形成完整的研究方案；进而要对研究涉及的变量进行界定与测量，并对所使用量表的信度和效度予以检验。为此，本章将对这些问题进行阐述。

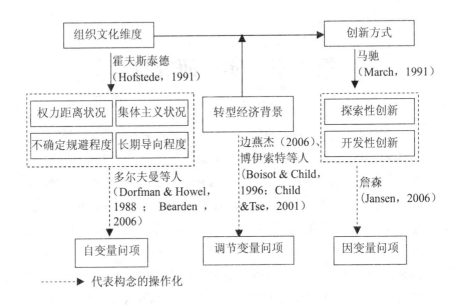

图 4.1　基于构念效度的量表设计

资料来源：作者整理。

4.1　研究设计与相关数据收集整理

影响企业创新方式选择的文化因素极多，本书主要选择了霍夫斯泰德（Hofstede，1991）组织文化中的四大内容，即权力距离、不确定规避、集体主义和长期导向。关于文化维度中的阳刚气质和阴柔气质（Masculinity versus Femininity）本书并未提及，其原因在于企业自身的社会性别角色（gender role）在某种程度上可以借助前四个维度进行表达。譬如不确定性规避程度越高，阴柔气质体现得越明显，集体主义倾向越低则阳刚气质表现越强烈。因而本书在研究时将社会性别角色这一维度融入到其他四个维度之中，使问题变得更为清晰。

4.1.1　研究方法

由于本书选取的构念源于霍夫斯泰德（Hofstede，1991）对文化的维度概括，往往难以直接测量，需要借助大量问项反映霍夫斯泰德关于文化的维度内容。因此本书拟运用结构方程方法分析组织文化维度（包括权力距离、不确定性规避、个人主义/集体主义、长期导向/短期导向）对企业探索性创新与开发性创新选择的影响，以及企业交易主体体制属性对这一影响关系的调节作用。结构方程模型方法（Structural Equation Modeling，SEM）是基于变量的协方差矩阵来分析变量之间关系的一种统计方法，也被称为协方差结构分析（侯杰泰、温忠麟、成子娟，2004）。如今，结构方程已经在社会学、医学、教育学、心理学以及管理学等社会科学领域中广泛应用。有数据显示，近年来应用结构方程模型开展实证研究并在国际管理学期刊上发表的文章，约占发表总数的 40%[①]。可见，结构方程模型是一种非常值得应用且已被学术界广泛认可与推崇的数据分析方法。

（1）结构方程模型的基本结构

简单来说，结构方程模型可分为测量方程和结构方程两部分（侯杰泰、温忠麟、成子娟，2004）。测量方程描述潜变量与指标之间的关系，结构方程则描述潜变量之间的关系。

①测量模型

描述指标与潜变量间的关系，通常写成如下测量方程：

$x=\Lambda x\xi+\delta$

$y=\Lambda y\eta+\varepsilon$

其中：

X 为外生指标组成的向量；

y 为内生指标组成的向量；

Λx 为外生指标与外生潜变量之间的关系，是外生指标在外生潜变量上的因子负荷矩阵；

① 刘军，富萍萍. 结构方程模型应用陷阱分析[J]. 数理统计与管理，2007（3）：268~272.

Λy 为内生指标与内生潜变量之间的关系,是内生指标在内生潜变量上的因子负荷矩阵;

δ 为外生指标 x 的误差项;

ε 为内生指标 y 的误差项。

②结构模型

描述潜变量之间的关系,通常写成如下结构方程:

$$\eta = B\eta + \Gamma\xi + \zeta$$

其中:

η 为内生潜变量;

ξ 为外生潜变量;

B 为内生潜变量之间的关系;

Γ 为外生潜变量对内生潜变量的影响;

ζ 为结构方程的残差项,反映了 η 在方程中未能被解释的部分。

在整个分析中,潜变量之间的关系以及结构模型,通常是研究的重点,所以整个分析也称为结构方程模型。

(2)结构方程模型的研究优势

结构方程模型的基本分析思路可追溯到莱特于 20 世纪 20 年代提出的路径分析,但相对于路径分析以及其他诸如方差分析、因子分析、回归分析等多变量分析方法,结构方程模型更具有研究优势。首先,传统的多变量分析方法如方差分析、因子分析等在同一时间内只能完成对单一自变量与因变量关系的检验,而且这些方法往往在理论上的假设限制方面存在缺陷,如因子分析仅能够反应变量间的相关关系而无法分析变量间的因果关系。路径分析虽然可以分析变量之间的因果关系,但实际情况往往难以符合其变量之间的测量误差为零、残差之间不相关、因果关系非双向等基本假设条件。回归分析虽然有着较为宽泛的模型假设条件,但其并不适宜分析多自变量与多因变量的因果关系。相较之下,结构方程模型整合了路径分析、验证性因子分析与一般统计检验方法,它可同时分析一组具有相互关系的方程式,尤其是具有因果关系的方程式,涵盖了因子分析与路径分析的优点。同时,它又弥补了因子分析的缺点,考虑到了误差因素,不需要受到路径分析的假设条件限制。此外，它还特别适用于分析多自变量、多因变量的情形，弥补了回归分析的不足。在传统的回归分析中，就算统计结果的图表中展示多个因变量，事实上在计算回归系数时，仍然是对每个因变量逐一计算。表面看来是在同时考虑多个因变量，但在计算对某一因变量的影响或关系时，其实忽略了其他因变量的存在与影响。

其次，结构方程模型还在变量测量方面寻求突破，提出了潜变量的概念，很好地解决了社会科学研究领域中大量概念难以直接观测的问题。目前，在社会学、心理学、管理学的研究中许多变量不能够直接被测量，本书所选取文化维度的四个方面是难以被直接观测的，需要一系列具体问题和现象方能反映文化中的每一个维度。这些不易被直接测量的变量在结构方程模型中被称为潜在变量或潜变量（latent variable）。为了使得潜变量能够被很好地测量，需要发展出外显变量或观测变量用以直接测量。随着潜变量的引入，结构方程模型的运用相较其他多变量分析方法进一步得到拓展。利用结构方程模型展开研究不仅仅是数据关系，最重要的是逻辑模型展示，其基本图示如表 4.1 所示。

表 4.1 结构方程模型常用图标含义

图标	含义
⬭	潜变量用圆形或椭圆形来表示
▭	可直接观测和衡量的问题视为观测变量，用矩形表示
→	单向影响效应可以用单箭头表示
↶	如果是双向箭头，则表示二者相关，并交互影响
⬭←	未被解释的部分可以借助单向箭头指向潜变量
▭←	单向箭头指向观测问项表示测量误差

资料来源：侯杰泰，温中麟，成子娟.结构方程模型与应用.教育科学出版社，2004：25.

4.1.2 数据收集

探索性创新和开发性创新这两种创新方式的选择是本书研究的重点，文化如何作用于企业这两种创新方式是本书关注的核心。本书的数据收集是一项极其困难且耗费时间的活动。在问卷的发放过程中，适当的渠道和关系非常重要（Calanton，1996）。因此，为了提高问卷的回收率和有效性，本研究主要通过以下三个途径收集问卷：一是利用作者所在团队的学生资源（学生资源主要是 2005 年前毕业的本科生、硕士生和博士生以及现在在读的 MBA 学员）和同学资源（同学资源主要是联系团队的同学、亲属）。这些学员大多是企业的中高层管理者，在日常工作中直接参与或深度接触企业全局活动，对企业所开展的创新活动和企业自身的文化特点有较好的认识和理解，因而是适宜的调研对象。二是利用政府相关机构，如天津市滨海新区、新技术产业园区、海泰科技创业产业园区管委会，经由政府渠道收集经济开发区或产业园区内的企业数据。问卷发放主要通过问卷星进行发放，通过现场发放（主要是 MBA 学员、相关亲属）、电话联系、微博发帖、微信朋友圈发帖、QQ 群和 QQ 好友进行问卷传递，整个问卷发放时长达 4 个月时间（从 2013 年 9 月至 2013 年 12 月），纸质问卷发放 85 份（其中 MBA 学员 60 份，实体企业发放 25 份），有效收回 71 份（已扣除 9 份无效问卷），纸质问卷的有效回收率 83.5%；电子问卷记录 189 份，有效问卷 185 份，有效率 92%。整体问卷发放、回收以及经整理后的问卷情况如表 4.2 所示。

表 4.2　问卷发放与回收情况

发放对象	发放份数	发放方式	回收份数	无效问卷	有效回收率
MBA 学员	60	课堂发放	57	4	88.3%
天津高新技术企业	25	纸质发放	23	5	72%
随机人群	150	问卷星在线	150	12	92%
朋友圈	49	微信、微博	49	2	95.9%
合计	320		279	23	80%

资料来源：作者整理。

　　无效问卷主要存在以下几种情况：第一，数据资料填写草率、马虎，主要表现为有些回答者在回答企业成立时间时，直接在空白处填写"很长"、企业现有部门数目直接则填写为"很多"，这种主观臆想的答案影响了问卷的有效性；第二，问卷回答较为随意，问卷在设计时，为了防止问卷回答时，答题者随性乱答，特意设计了一些反向问项（主要在一些具体构念的测量上），结果发现答题者在回答时反映出自我矛盾的回答选项，导致收回的问卷无效；第三，答题时不看题项答题，所表现出的答案倾向于一类答案，比如回答者在做选择时，前后连续多道题都选同一序号选项，这直接导致问卷的无效，这种问卷的收回会直接影响本书研究的结论，这类问题主要出现在纸质问卷的回收中，所占数量也相对较多（MBA 学员占 14%、天津高新技术企业占 18%）。

　　经过对无效问卷的剔除，现有回收的有效问卷中，不同性质企业的数据结果基本能够保证本研究的分类处理。在回收的有效问卷中，国有控股企业占比为 21.09%，国有独资为 25%，中外合资为 10.94%，民营企业为 34.77%，纯外资企业为 8.2%，较为全面地反映了现有企业性质类型。另外，由于不同技术特点、资本特点以及生产或服务特点的企业，在创新选择上应该有较大差异，为了能够有效控制这些变量，本研究在问卷设计时，考虑到企业的资本特性，进行了四类划分，分别为资本密集型（占 26.56%）、技术密集型（占 37.11%）、劳动密集型（24.61%）和资源密集型（占 11.72%），问卷回收的来源地覆盖了 24 个省份和 11 份国外问卷，具体情况如表 4.3 所示。

　　另外，本研究充分考虑到企业成立时间的长短会在某种程度上影响企业的行为特点，时间越长的企业往往越容易形成思维惯性和行为惯性，也更容易依赖于企业自身原有的资源，在创新方式选择上可能会趋于保守。而新创企业或成立时间较短的企业可能在创新方式选择上会更倾向于冒险。因此企业成立的时间也是本研究收集的重要数据。但本研究的重点是文化因素对企业创新方式选择的影响，因此本研究将成立时间作为控制变量进行处理。另外，组织规模和企业所拥有的部门数量也具有类似特性，本研究也将这些内容作为收集的最基础数据纳入到问卷之中。

表 4.3　企业资本特性分布与数据的地缘分布

省份\类型	资本密集型	技术密集型	劳动密集型	资源密集型
国外	2（18%）	5（45%）	4（37%）	0（0%）
安徽	1（25%）	1（25%）	1（25%）	1（25%）
北京	11（36.67%）	13（43.33%）	4（13.33%）	2（6.67%）
福建	0（0%）	1（50%）	1（50%）	0（0%）
广东	2（40%）	1（20%）	1（20%）	1（20%）
广西	0（0%）	1（100%）	0（0%）	0（0%）
海南	1（100%）	0（0%）	0（0%）	0（0%）
河北	4（18.18%）	7（31.82%）	6（27.27%）	5（22.73%）
河南	0（0%）	1（50%）	1（50%）	0（0%）
湖北	2（66.67%）	0（0%）	1（33.33%）	0（0%）
吉林	1（50%）	1（50%）	0（0%）	0（0%）
江苏	0（0%）	2（66.67%）	1（33.33%）	0（0%）
辽宁	0（0%）	1（100%）	0（0%）	0（0%）
内蒙古	0（0%）	1（100%）	0（0%）	0（0%）
山东	2（40%）	1（20%）	1（20%）	1（20%）
山西	0（0%）	4（100%）	0（0%）	0（0%）
陕西	1（33.33%）	0（0%）	1（33.33%）	1（33.33%）
上海	2（40%）	0（0%）	2（40%）	1（20%）
四川	0（0%）	0（0%）	1（100%）	0（0%）
天津	37（25.69%）	52（36.11%）	37（25.69%）	18（12.5%）
西藏	0（0%）	1（100%）	0（0%）	0（0%）
新疆	0（0%）	0（0%）	1（100%）	0（0%）
云南	0（0%）	1（100%）	0（0%）	0（0%）
浙江	0（0%）	1（100%）	0（0%）	0（0%）
重庆	1（100%）	0（0%）	0（0%）	0（0%）

资料来源：作者整理。

4.2　自变量构念的识别与测量

4.2.1　研究程序

本节以霍夫斯泰德（Hosfstede，1991）的国家文化维度模型为基础，结合现有研究文献，使用统计分析技术，对组织文化维度的调查问卷进行设计与质量分析，具体研究程序如图 4.2 所示。

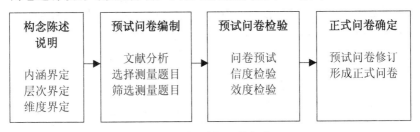

图 4.2　问卷设计的程序

资料来源：作者编制。

（1）构念陈述与说明

设计问卷的首要任务是准确定义我们所要测量的目标构念，清楚地说明构建的理论边界[①]。一个完善的构念能说明应该阐明研究现象的核心特征。文化是本研究的重要自变量，但文化又是最难描述的。历史学家曾经这样描述：文化就是一切，它包含在我们日常的行为、语言、思想甚至口号之中，我们的一举一动都隶属文化的范畴。文化可以说是无所不包、无所不含，因而描述文化也是最为困难的事情，不少哲学家、社会学家都忌惮谈及文化，因为其不可名状、难以概括，因而文化的判断就变为一件极其困难的事。为了让文化因素变得更为具体，本研究力求从构念内涵、层次与维度这三个方面对组织文化维

[①] 陈晓萍，徐淑英，樊景立. 组织与管理研究的实证方法[M]. 北京：北京大学出版社，2012：35.

度进行详尽阐述。

（2）预试问卷的编制

本研究在文献分析的基础上，为了保证问卷的有效性，主要借鉴现有成熟量表，成立与组织专家小组对组织文化维度的问卷题目进行筛选，并邀请企业工作人员对各题项进行定性评价，综合专家小组与企业工作人员的意见，最终敲定组织文化维度预试问卷的题目。

（3）预试问卷检验

将预试问卷发放给企业负责人进行填答，对回收的问卷进行筛选，对筛选后的有效问卷进行如下处理：第一，进行信度检验，计算 Cronbach's α 系数，评价预试问卷的内部一致性；第二，使用 SPSS16.0 进行探索性因子分析，检验是否存在与测量内容无关或不符合研究预期的题项；第三，使用 Lisrel8.70 统计软件进行验证性因子分析，检验预试问卷的内部结构。

（4）正式问卷的确定

基于各项统计分析结果，再次组织专家小组、企业管理研究方向的博士研究生、企业工作人员针对预试问卷的题目，从语言表述、逻辑性等方面进行定性评价，综合所有的评价意见，对预试问卷进行修订，最终形成组织文化维度的正式问卷。

4.2.2　构念说明与预试问卷编制

（1）构念说明

本研究主要从构念内涵、层次与维度构成三个方面，对组织文化进行说明，具体内容如下所述：

①内涵界定

通过文献梳理，本研究将组织文化界定为组织长期发展过程中所形成的集体认知和行为惯性。在企业中有一种非同寻常的能力，能够在企业的代际中进行传承，组织印记的形成也恰恰是组织成员延续的结果，尽管组织在更换领导层和员工（尤其是核心员工）时会发生一些变化，甚至有一些是极其强大的变革力量，有时变革也只是先在表面发生，更深层次的内容依然稳固，一旦外部变革的力量减弱，组织原有的文化基因又会像灰烬中的火星一样重新燃起。在霍夫斯泰德（Hofstede，1991）看来，对文化测量就是对价值观测量，单纯根据人们的行为表现去判断价值观是费力不讨好的事。虽然有人设计了各种问题，让回答者指出自己的偏好，以此来反映其价值观如何，往往得到的结果也是事与愿违，因为回答者在回答问题时总是倾向于追逐社会主流价值观。譬如你的问题是：员工是喜欢休闲娱乐还是喜欢上班拿工资，大部分人的回答往往是前者，但实际生活中的行为选择却是后者。

②层次界定

构念的层次是指在描述管理现象时研究对象所处的层次，也即研究结论所涉及的层次。本书的研究层次定位于组织层面，组织文化维度的问卷属于对组织层面特征的测量，这与霍夫斯泰德对文化问题的研究稍显不同，霍夫斯泰德（Hofstede，1991）研究文化时是将文化放在了国家层面进行研究，对不同国家的文化特点进行了区分，较为概括与笼统。本书的研究将层次降到到组织层面，使得较为概括与笼统的文化构念变得更为具体，实操性更强。国家层面的文化是难以构建、改变和打破的，这种文化特性只能是遵循和服从，文化的变革也是自然演化的过程，需要经历几代人才有可能让文化属性发生细微的变化。虽然现有的经济社会新技术、新工具和新思维呈现潮涌之势，人们的行为特征也正在发生翻天覆地的变化，但诸多变化都是表层行为的变化，反映国别层面思维意志和行为特征的价值观却依然稳定。组织层面的文化则完全不同，这种文化特性是可以通过科层制的领导来打破和构建的。

③维度界定

根据前文的研究假设，本书基于霍夫斯泰德的国家文化模型，将表征组织文化的因素分为权力距离、不确定性规避、个人主义/集体主义倾向、长期导向。其中，权力距离是指在一个社会的组织或机构中，弱势成员对于权力分配不平等的期待和接纳程度（Hofstede，1991）；不确定性规避是指人们忍受模糊（低不确定性规避）或者感到模糊和不确定性的威胁（高不确定性规避）的程度（Hofstede，1980）；关于个人主义/集体主义倾向，个人主义指的是人与人之间松散联系的社会，社会中的个体只关心自己及其家庭，而集体主义是指人们从出生起就融入到强大而紧密的内群体中，这个群体为人们提供终身的保护以换取对该群体的绝对忠诚（Hofstede，1980）；长期导向是指一个文化对传统的重视程度，而长期导向倾向的国家意味着培育和鼓励以追求未来回报为导向的品德——尤其是坚韧和节俭（Hofstede，1991）。

预测试的研究基础如表 4.4 所示。

表 4.4　预测试的研究基础

预测试前的工作准备内容	
认识到文化因素对不同创新（探索与开发）方式的差异化影响	2011 年 7 月
发现探索性创新与开发性创新的协调对企业长期绩效非常有益	2011 年 9 月
在构成上文化的基本要素和创新方式的认知与企业管理者沟通	2012 年 2 月
推理归纳基于创新方式选择与协调的文化构成要素	2012 年 4 月
整合企业文化的构成要素并进行分类，架构基本潜变量内容	2012 年 12 月
以基本潜变量为基础，设计问卷，展开调研	2013 年 3 月
反馈问卷和企业调研内容，对问卷内容进行检验，调整相关问题	2013 年 8 月
实施回收问卷的统计分析，进一步进行调整	2013 年 8 月
团队成员共同讨论问卷量表内容的合理性和完备性，并拟定新问卷	2013 年 9 月
进行正式的问卷调查，收集数据用于分析	2013 年 10 月
将分析结论探索性地应用于企业实践，检验其效果	2013 年 12 月

资料来源：作者整理。

（2）预试问卷编制

①量表来源

通过文献梳理，为了保证问卷的信度与效度，本研究主要借鉴组织文化研究领域的现有成熟量表，具体参考的量表为多尔夫曼等人（Dorfman & Howell，1988）开发的用于测量权力距离、不确定规避、个人主义/集体主义倾向的量表；关于长期导向量表的测量则是源于比尔登（Bearden，2006）的研究。

②测量题目选择

本研究以上述两个量表的题项内容为基础，结合本研究的目的，为了保证问卷的内容效度，本研究邀请创新管理领域的专业研究人员与企业管理方向的博士研究生（一位教授、一位副教授与 2 名博士研究生）对各项题目的文字表达进行充分讨论之后，共编写了 26 个题目，内容如表 4.5 所示。

表 4.5　组织文化维度问卷题目及其来源

编号	测量题目	来源
1	公司内的主要决策应由公司管理者决定，不需要与下属商议	
2	我们公司的上司与下属之间主要靠职权维系关系	
3	公司管理者应尽量少征询员工的意见	
4	公司管理者应与员工保持距离，在工作之外少与员工接触	
5	员工不应该对公司管理者所作的决定表示异议	
6	公司管理者不应将重要的任务布置给员工	
7	对公司来说集体利益比个人利益更重要	
8	对公司来说集体成功比个人成功更重要	多尔夫曼等
9	我非常重视团队成员对我工作的认可	（Dorfman
10	员工应该在考虑了群体利益之后才可以追求个人目标	& Howell,
11	管理者要求我们即便个人目标受阻也应忠于团队	1988）
12	组织期望员工能够为了集体成功而牺牲个人利益	
13	详细的工作要求和工作指导非常重要，他们可使员工知道自己应怎样工作	
14	公司期望员工能够严格遵守规则，严格执行工作流程	
15	规则和制度是重要的，它们让员工了解组织对员工的期望与要求	
16	标准操作程序对员工工作来讲是很有帮助的	
17	业务操作的指示说明对于员工工作来讲是很重要的	

编号	测量题目	来源
18	员工非常重视企业的传统与惯例	
19	企业倡导员工关注其发展历史	
20	企业的传统对员工来说是非常重要的	
21	我们更愿意有安全存储以备不时之需	比尔登
22	我们做事总是考虑的很长远	（Bearden,
23	公司今天的所有的努力都是为了未来的成功	2006）
24	管理者应在工作中具有坚韧性去努力完成目标	
25	公司领导在环境变革时总能坚持和坚守	
26	我们企业需要在传承基础上创新而不是在创新基础上传承	

资料来源：作者编制。

　　按照梁建与樊景立提出的量表内容效度的评价准则，在定性评价过程中，主要关注三个方面：（1）检查每个测量题目是否具有代表性，即这些测量指标是否恰当地代表了概念定义中某一方面的内容；（2）所有的测量题目是否完全涵盖了研究对象的理论边界，测量指标是否与概念定义之间实现一一对应；（3）测量题目的分配比例是否反映了概念中各个成分的重要性[①]。而且，为了保证问卷的适用性与填答质量，本研究邀请三位企业工作人员对这24道测量题目进行定性评价，提出修改意见，综合研究人员与企业员工的反馈意见，最后对题目进行修正，形成了包括24个题目的预试问卷，问卷采用李克特五级量表形式，见附录。

4.2.3　预试问卷检验

（1）问卷预试

①预试样本的描述性统计分析

　　为了保证组织文化维度调查问卷的稳定性与内在结构，在进行大样本调查之前，需要进行问卷预试。本研究通过发放纸质问卷与在线

[①] 陈晓萍，徐淑英，樊景立. 组织与管理研究的实证方法. 北京：北京大学出版社，2012：36.

问卷方式，从 2013 年 3 月 1 日到 6 月 30 日截止，随机发放了 200 份问卷，回收了 110 份，其中有效问卷 80 份。通过使用 SPSS16.0 对预试样本进行描述性统计分析，如表 4.6 所示。统计结果表明，在调查样本中，技术密集型与劳动密集型的企业占大多数，共计 65.6%，资源密集型企业所占比重较小，为 11%。从企业性质方面，以国有独资与国有控股的企业为主，所占比重为 58.6%。在预试样本中，企业的平均员工数量为 125 人，平均成立年限为 7 年，职能部门或工作单元平均为 11 个。预试样本中，企业类型和企业性质分布较为完整合理，表明如此进行问卷发放和回收是可行的，预试问卷在企业类型和企业性质上的描述性统计结果如表 4.6 所示。

表 4.6　预试样本的描述性统计分析结果

变量名称	类别	频数	频率（%）
企业类型	资本密集型	34	23.4
	技术密集型	53	36.6
	劳动密集型	42	29.0
	资源密集型	16	11.0
企业性质	国有独资	45	31.0
	国有控股	40	27.6
	中外合资	31	21.4
	民营企业	29	20

注：N=256。

资料来源：作者整理编制。

②问项分析

本研究通过计算问卷各题项与总分数之间的相关系数的方式，对预试问卷进行项目分析，判别标准为如果项目分数与问卷总分的相关系数小于 0，则剔除此题。如表 4.7 所示，所有题项与问卷总分之间的相关系数均大于 0.3，并且显著相关（p<0.05），这说明预试问卷各题项的鉴别力较好，但为了保证问卷测度结果的科学性与有效性，本研究需要通过使用验证性因子分析技术来检验预试问卷的聚合效度。

表 4.7 组织文化维度预试问卷项目分析结果

题号	与总分的相关系数 r	题号	与总分的相关系数 r
1	0.457*	13	0.482*
2	0.665*	14	0.827*
3	0.445*	15	0.457*
4	0.554*	16	0.609*
5	0.785*	17	0.814*
6	0.389*	18	0.553*
7	0.566*	19	0.811*
8	0.707*	20	0.573*
9	0.597*	21	0.618*
10	0.801*	22	0.628*
11	0.557*	23	0.711*
12	0.567*	24	0.754*

注：* $p<0.05$。

资料来源：作者整理编制。

测量时，我们将本研究的文化维度用英文缩写进行了编号，编号列表如表 4.8 所示。

（2）预试问卷的信度检验

调查问卷需要能够稳定地、精确地测度研究中关注的概念，在测量中可以用信度来评价测验结果的一致性、稳定性及可靠性，估计测量误差对整体测验结果的影响。美国心理学会将信度定义为测量结果免受误差影响的程度。在测量中，可以通过测量误差的大小来估计一个测验的信度。信度可以理解为真实分数在测验得分中的比例。测量中的随机误差越大，则测量得分与真实分数之间的差距越大，所得到的结果就越是缺乏信度。概念的真实分数与具体测量中的误差都是没有办法直接测量的，所以只能通过间接的方法对其进行估计。

表 4.8　组织文化维度预试问卷项目及其代表的符号

题号	代表符号	题号	代表符号
1	PowD1（权力距离）	13	Uncerav1（不确定规避）
2	PowD2（权力距离）	14	Uncerav2（不确定规避）
3	PowD3（权力距离）	15	Uncerav3（不确定规避）
4	PowD4（权力距离）	16	Uncerav4（不确定规避）
5	PowD5（权力距离）	17	Uncerav5（不确定规避）
6	PowD6（权力距离）	18	Long1（长短期倾向）
7	Indiv1（个人/集体主义）	19	Long2（长短期倾向）
8	Indiv2（个人/集体主义）	20	Long3（长短期倾向）
9	Indiv3（个人/集体主义）	21	Long4（长短期倾向）
10	Indiv4（个人/集体主义）	22	Long5（长短期倾向）
11	Indiv5（个人/集体主义）	23	Long6（长短期倾向）
12	Indiv6（个人/集体主义）	24	Long7（长短期倾向）

资料来源：作者整理。

本研究选择组织管理领域常用的 Cronbach'α 系数作为预试问卷信度的评价指标。此系数是针对李克特五级量表开发的（1=完全不符合，…，5=完全符合），主要思路是通过应用多个指标对目标构念进行测量，以方差分析的方式，从测量得分中区分出由构念本身造成的共同变异量和个体差异造成的变异量，以此来估计该量表的信度系数。这种评价方法的判断准则一般引用农纳利（Nunnally，1978）的标准，认为 Cronbach'α 值达到或大于 0.70 即可。通过使用 SPSS16.0 计算预试量表的 Cronbach'α 系数为0.916，表明此问卷具有较好的内部一致性与稳定性。

（3）预试问卷的内部结构检验

本研究通过探索性因子分析（EFA）与验证性因子分析（CFA）来评价问卷的内部结构。

①探索性因子分析

探索性因子分析是在量表开发中经常使用的一种方法。当对量表的内部结构缺乏清楚的理论预期或者第一次使用相关测量指标时，由于无法确切判断测量指标能否代表所测量的理论构念，研究者通常会将所有的指标一起测量，并将其得分进行因子分析，再由所得的因子负荷值来判断构念效度的高低。如果测量同一维度的各个指标能够聚合在一起，其因子负荷量越大（通常需要大于 0.4），同时在其他维度上的因子负荷越小，则表示该测验的内部结构越清楚，整体构念效度越高。通过探索性因子分析，可以发现与测量内容无关的指标，或者不符合研究预期的指标。根据这些信息，研究者可以识别内部结构，决定哪些指标应该被剔除，哪些维度应该增加指标等。本研究对预试问卷进行探索性因子分析，目的是进一步检验预试问卷的内部结构。

在进行探索性因子分析之前，需要进行 KMO 值与 Bartlett's 球型检验，以此来判断数据是否适合进行探索性因子分析。KMO 值的判断标准为：当它大于 0.9 时说明非常适合进行因子分析；当其介于 0.8 与 0.9 之间时比较适合进行因子分析；当它在 0.7 至 0.8 之间时可以进行因子分析；当它介于 0.6 至 0.7 之间时不太适合进行因子分析，如果 KMO 值在 0.5 以下则完全不适合使用因子分析技术。Bartlett's 球型检验只要达到显著水平即可进行因子分析。如表 4.9 所示，本研究对 80 个样本的探索性因子分析所得到的 KMO 值为 0.880，适合进行因子分析。Bartlett's 球型检验值为 2977.041，差异在 5%水平下显著，说明变量之间具有共享因素的可能。

表 4.9 组织文化维度的 KMO 值与 Bartlett's 球型检验结果

KMO 值		0.880
Bartlett's 球型检验	卡方检验值	2977.041
	自由度（df）	253
	显著性概率（Sig.）	0.000

资料来源：作者整理编制。

本研究采用主成分分析法（PCA），按照特征值大于 1 的标准提取变量中的公因子，并使用方差最大法（Varimax）进行因子旋转。通过分析预试问卷每个题项在各个公因子上的因子负荷来判断构念效度。海恩斯等人（Haynes et al.，1995）认为因子负荷超过 0.4 的指标可以认为是重要的，超过 0.5 的是非常重要的[①]。因此，本研究以 0.4 作为因子负荷的标准，如果测量题项的因子负荷小于 0.4 或者出现负向因子负荷，或是最大负荷没有落在所测量的因子上，则需要剔除该测量题项。本研究对 80 份样本进行探索性因子分析，共计提取了 5 个特征值大于 1 的因子，累计方差解释比例为 68.014%，因子分析结果如表 4.10 所示，所有题项均相应落在其对应的组织文化维度上，表明问项设计相对合理，但依然存在问题。

表 4.10　探索性因子分析结果

	Component				
	1	2	3	4	5
PowD1	**.715**	.002	.012	-.040	.120
PowD2	**.688**	.114	.021	-.304	.292
PowD3	**.812**	-.021	.112	.047	-.033
PowD4	**.817**	-.010	.004	-.053	-.008
PowD5	**.832**	-.021	.025	.044	.027
PowD6	**.887**	-.017	.195	.041	-.018
Indiv1	.022	.112	**.678**	.034	.261
Indiv2	.019	.143	**.772**	.047	.019
Indiv3	-.012	.471	**.510**	.154	.023
Indiv4	.052	.121	**.741**	.188	.089
Indiv5	.021	.145	**.814**	.068	.185
Indiv6	.122	-.028	**.721**	-.006	.135
Uncerav1	-.041	**.810**	.120	.087	.176
Uncerav2	-.024	**.774**	.214	.152	.143
Uncerav3	-.044	**.821**	.101	.167	.077
Uncerav4	-.017	**.741**	.014	.163	.234

---

① Haynes, Richard & Kubany. Content validity in psycholological assessment: A functional approach to concepts and methods[J]. Psychological Assessment, 1995, 7: 238-247.

	Component				
	1	2	3	4	5
Uncerav5	-.055	**.814**	.141	.131	.243
Long1	.224	.214	.041	.310	**.635**
Long2	.144	.211	.344	.088	**.596**
Long3	.047	.302	.201	.068	**.730**
Long4	-.074	.214	.147	.399	**.613**
Long5	-.44	.313	.238	**.656**	.180
Long6	-.012	.109	.187	**.715**	.131
Long7	.114	.112	.101	**.725**	.128

Extraction Method: Principal Component Analysis.   Rotation Method: Varimax with Kaiser

资料来源：作者整理编制。

通过表 4.10 可以看出，长期、短期导向问项显然被归进了两个因子，前四个问项被归为第一个因子，后三个问项被归为第二个因子，问项内容如表 4.11 所示。

表 4.11   长期/短期倾向预测量结果

题目	最小值	最大值	平均分	归类
（1）我们非常尊重企业的传统和惯例	1	5	3.89	因子 1
（2）在我们公司价值观一致比价值观多元要重要	1	5	3.66	
（3）我们企业需要在传承基础上而不是相反	1	5	3.74	
（4）我们更愿意有安全存储以备不时之需	1	5	3.83	
（5）公司今天的所有的努力都是为了未来的成功	1	5	4.09	因子 2
（6）我们领导在环境变革时总能坚持和坚守	1	5	3.8	
（7）公司在每个创业期时我们都愿意付出	1	5	4.06	

资料来源：作者整理编制。

②验证性因子分析

验证性因子分析是为了确认量表所包含的因素是否与最初探究的构念相同，会以不同的样本为对象加以检验。此时量表的各因素与其题项均已固定，研究者所要探究的是量表的因素结构模型是否与实际搜集的数据相契合，指标变量是否可以有效作为因素构念的测量变量。

验证性因素分析模型被归类于一般结构方程模型或共变结构模型之中，允许反应与解释潜在变量，它和一系列的线性方程相连结。与探索性因素分析相比，验证性因素分析模型较为复杂，但两种模型的基本目标是相似的，皆在解释观察变量间的相关或共变关系，但验证性因子分析偏重于检验假定的观察变量与假定的潜在变量间的关系。

第一，整体模型适配度指标。

评价模型拟合程度的指标主要包括：CMIN（卡方值）、DF（自由度）、CMIN/DF（卡方自由度）、RMSEA（渐进残差均方根）、GFI（拟合优度指数）、AGFI（修正后的拟合优度指数）、NFI（标准拟合指数）、IFI（修正拟合指数）与 CFI（比较拟合指数）等[①]。各项指标的具体解释如下：

卡方值（CMIN）。卡方值越小表示整体模型的因果路径图与实际资料越匹配，可以反应模型的拟合优度。假设模型的估计参数愈多，自由度会变得越小，而样本数增多，卡方值也会随之扩大，若同时考虑到卡方值与自由度大小，则二者的比值也可以作为模型适配度是否契合的指标。卡方自由度比值（CMIN/DF）越小，表示假设模型的协方差矩阵与观察数据越适配，相对地，卡方自由度比值越大，表示模型的适配度越差。一般的评价标准为：当卡方自由度指标值介于 2~5 之间时，模型的适配度是可以接受的。

渐进残差均方根（RMSEA）。渐进残差均方根的意义是每个自由

---

① 吴明隆著. 结构方程模型：AMOS 的操作与应用[M]. 重庆：重庆大学出版社，2009：40.

度的平均 Σ 与 Σ (θ) 间的差异值，由于考虑了自由度，因此可以将模型的复杂度也列入考虑。渐进残差均方根值通常被视为是最重要的适配指标信息。渐进残差均方根是一种不需要基准线模型的绝对性指标，其值越小，表示模型的适配度越佳。一般而言，当渐进残差均方根的数值高于 0.10 以上时，则模型的适配度欠佳，其数值在 0.08 与 0.10 之间则是模型尚可，具有普通适配；在 0.05 至 0.08 之间表示模型良好，即有合理匹配；而如果其值小于 0.05 表示模型适配度非常好。

适配度指数（GFI）。此指标说明观察矩阵中的方差与协方差可被复制矩阵预测得到的量，其数值是指根据样本数据观察矩阵与理论建构复制矩阵之差的平方和与观察的方差的比值。如果适配度指数值过大，表示理论建构复制矩阵能解释样本数据的观察矩阵的变异量越大，二者的契合度越高。适配度指数的数值介于 0～1 之间，其数值越接近 1，表示模型的适配程度越佳；适配度指数的数值越小，则表示模型的契合程度越差。一般的判别标准为适配度指数值大于 0.90，表示模型路径图与实际数据有良好的适配度。

标准拟合指数（NFI）、修正拟合指数（IFI）与比较拟合指数（CFI）。其中，NFI 的值是用来比较某个所提模型与虚无模型之间的卡方值差距，相对于该虚无模型卡方值的一种比值。CFI 指标值是一种改良式的 NFI 指标值，它代表的意义是在测量从最限制模型到最饱和模型时，非集中参数的改善情形，并且以非集中参数的卡方分布及其非集中参数来定义。这三个指标值大多介于 0 到 1 之间，越接近 1 表示模型适配度越好；反之，模型契合度越差。一般的判别标准为 NFI、IFI 与 CFI 值均要大于 0.90，表示模型路径图与实际数据有良好的适配度。

第二，验证性因子分析的结果。

为了进一步验证组织文化维度预试问卷的内部结构，本研究构建斜交四因子模型 M1，如图 4.3 所示。此模型由四个相互关联的维度构成，共 24 个观察变量，随后使用 Lisrel8.70 统计软件，对模型 M1 进行估计，其相应的模型适配度指标如表 4.12 所示。根据上述各项模型适配度指标的判别标准，模型 M1 的所有指标均符合评价标准，这说明模型 M1 的拟合结果与实际数据的契合度较高。并且，如图 4.3 所示，各个问卷题项在其因子上的负荷系数全部大于 0.5，各因子之间也存在显著相关关系。

表 4.12　验证性因子分析的模型适配度指标

模型	CMIN	DF	CMIN/DF	RMSEA	GFI	AGFI	NFI	IFI	CFI
M1	316.175	218	1.752	0.042	0.908	0.906	0.912	0.916	0.909
评价标准	-----	-----	<2	<0.1	>0.9	>0.9	>0.9	>0.9	>0.9

资料来源：作者根据 Lisrel8.70 统计结果整理。

第三，聚合效度。

聚合效度是指在使用不同方式测量同一概念时，所得到的测量分数之间由于反映同一概念而应该高度相关[①]。本研究按照福内尔等（Fornell & Larcker，1981）提出的方法，通过计算抽取变异量 VE（Variance Extracted）的方法来估计聚合效度，并且认为抽取变异量 VE 一般不能低于 0.5。本研究通过验证性因子分析的统计结果数据，分别计算出模型 M1 中四个潜在变量的抽取变异量 VE 值：权力距离的 VE 值为 0.5621；不确定性规避的 VE 值为 0.5951；个人主义/集体主义倾向的 VE 值为 0.5142；长期导向的 VE 值为 0.5226。上述这些潜在变量的 VE 值均大于 0.5，意味着组织文化维度预试问卷具有较好的聚合效度。

[①] Campbell, Fiske.Convergent and discriminant validiation by the multitrait-multi method matrix[J]. Psychological Bulletin,1959(56):81-105.

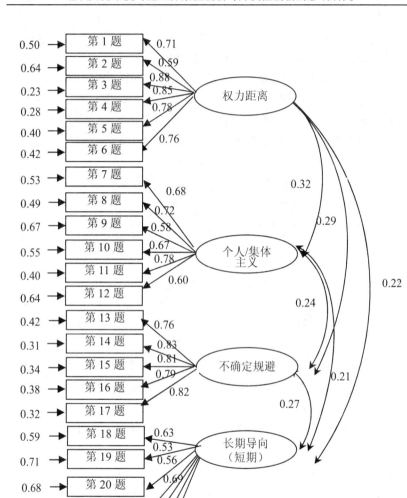

图 4.3 组织文化维度验证性因子分析结果

资料来源：作者根据 Lisrel8.70 的统计结果编制。

（4）正式问卷的形成

根据上述的统计结果分析，表明组织文化维度预试问卷通过了信度与效度检验。为了保证问卷的测量质量，本研究再次综合被试者对预试问卷的反馈意见，对各题目的语言进行反复修正，最终形成了包含 28 道题目的组织文化维度的正式问卷，并将其编入后续的大样本调查问卷之中，为组织文化维度对创新方式选择的影响模型检验奠定基础，正式的问卷参见附录。

4.3　因变量与调节变量构念的识别与测量

为了提高本研究相关理论构念的测量信度和效度，我们优先使用了已有研究中的成熟量表，并基于相关研究中的理论阐述，结合中文语境以及中国情境下企业的实际情况进行了适当的调整和修改。在对所有自变量、调节变量和因变量的测量上，均使用了李克特五级量表。

4.3.1　因变量问项及测量

（1）量表来源

创新方式是本研究两个非常重要的因变量。由于探索性创新本身考量的是企业行为与原有资源、能力和状态的远近程度[①]。因此我们在问项设计时参考了詹森等人（Jansen，Bosch & Volberda，2006）的量表，但没有单纯挪用。由于詹森的提问更多针对西方企业，在中国情境下，诸多问题需要调整和修正。由于中国企业在认知和判断上倾向于宏大叙事和模糊判断，因此他们容易在两种创新方式上产生混淆。譬如詹森等人（Jansen，Bosch & Volberda，2006）强调的探索与开发取决于行为与现有状态的远近程度，与企业自身所进

---

① Jansen, J.P., Bosch, F.J., Volberda, H.W. Exploratory innovation, exploitative innovation, and performance: Effects of organizational antecedents and environmental moderators[J]. Management Science, 2006, 52(11): 1661-1674.

行的活动是行业内全新的还是已有的没有任何关系。即便企业在经营过程中，实施的活动都是其他企业做过的类似活动，但对被调查企业来说是前所未有的活动，就这家企业而言就属于探索性创新，而非开发性创新。

（2）量表预测试

对探索性创新和开发性创新这两个构念进行测量时，本研究主要利用了詹森开发的已有量表，虽然这一量表并不准确，但有极强的参考价值。同时我们查阅了其他相关文献，形成了本研究的一系列问项。由于本文研究的结果变量是探索性创新和开发性创新，谨慎、准确、有效是本研究得以成立的前提。为了保证本研究结果变量结构和内容的有效性，我们对天津地区的 5 家企业进行了深度访谈，这些经理来源于不同行业，在企业中的任期也有较大差异，经理在组织中的层级也有高低之分，但这些经理自身都有着较长的管理经验，之所以如此选择也是为了访谈时相互沟通的便捷性和有效性。深度访谈情况如表4.13 所示。

表 4.13 深度访谈情况

访谈对象	访谈时长	主要产品	访谈地点	回访状态
王经理	2 小时	防火材料	生产车间办公室	回访 1 次
李总	1.5 小时	医用机器人	总经理办公室	回访 2 次
张主任	2 小时	橡胶轮胎	库存车间办公室	回访 1 次
王总	1 小时	配电器	总经理办公室	回访 2 次
王总	2.5 小时	胶管	总经理办公室	无回访

资料来源：作者整理。

（3）量表选择

为了对探索性和开发性创新进行构念测量，我们认真考察了现有文献和深度访谈情况，结合詹森等人（2006）的梳理，在创新方式上我们进行了如表 4.14 的选择。

表 4.14　创新方式的相关测量问项

潜变量内容	编号	测量题项（观测变量）	文献来源
探索性创新	T1	我们愿意接受超越我们产品（服务）的市场订单	詹森等人（Jansen et al., 2006）
	T2	我们在新产品（服务）上投入大量精力	
	T3	我们不断在原有市场上尝试推广新产品（服务）	
	T4	我们经常试图商业化全新的产品（服务）	
	T5	我们经常利用新的市场机会	
	T6	我们经常寻找全新的市场并试图探究这些市场	
开发性创新	K1	与新产品相比，我们更青睐现有产品和服务进行改善	
	K2	与革新相比，我们更青睐对现有产品和服务进行细微的调整	
	K3	我们即便引进新产品，也必须与现有产品和市场有关	
	K4	在灵活性和效率之间，我们更偏好效率	
	K5	现有的客户群是我们创新产品的关键，我们更关注老客户	
	K6	在低成本和差异化之间，我们倾向于降低运营成本	

资料来源：作者整理。

（4）量表信效度检验

①构念效度

通过作者的前期深度访谈，结合多次回访和交叉验证，我们保证了表 4.14 中不同的观测变量能够反映两个潜变量的内容。另外，探索性创新和开发性创新的具体观测变量间的区别效度也较为明显，探索性创新与开发性创新之间的相关系数显著低于 1，表明两个潜变量之间有较好的区别效度。

②信度检验

两种创新形式的信度数据如表 4.15 和表 4.16 所示，探索性创新的整体信度为 0.88，各问项的 Alpha 系数中最小为 0.8；开发性创新的整体 Alpha 系数为 0.768，各观测问项的 Alpha 系数中最小为 0.708。方法论学者农纳利（Nunnally，1967）强调如果 Alpha 系数在 0.5 到 0.7

之间，那么观测变量所反映的潜变量就是能够接受的，当然如果 Alpha
系高于 0.7，则是他所强调的高信度值。当然如果 Alpha 值在 0.35 之
下的，则观测变量就难以反映潜变量，且观测值一定是不可使用的。
本研究的数据信度借助 SPSS16.0 进行。根据表 4.13，各变量问项的
Cronbach 系数值都超过了 0.7，符合农纳利的高信度要求，检验值表
明了因变量中的量表问项具有良好的内部一致性信度。

表4.15　探索性创新信度检验

整体 Alpha 为 0.88	Scale Mean if Item Deleted	Scale Variance if Item Deleted	Corrected Item-Total Correlation	Squared Multiple Correlation	Cronbach's Alpha if Item Deleted
Explr1	18.4588	20.698	.424	.199	.852
Explr2	18.0824	19.060	.662	.475	.802
Explr3	18.1098	19.185	.632	.456	.808
Explr4	18.2549	18.978	.670	.454	.800
Explr5	17.9725	19.861	.662	.575	.803
Explr6	18.0039	19.689	.666	.579	.802

资料来源：作者整理。

表4.16　开发性创新信度检验

整体 alpha 为 0.768	Scale Mean if Item Deleted	Scale Variance if Item Deleted	Corrected Item-Total Correlation	Squared Multiple Correlation	Cronbach's Alpha if Item Deleted
Explt1	18.6118	14.703	.483	.431	.742
Explt2	18.6902	13.971	.606	.511	.708
Explt3	18.2784	15.391	.497	.279	.738
Explt4	18.5216	14.754	.532	.354	.728
Explt5	18.4392	15.027	.494	.281	.738
Explt6	18.5176	15.014	.460	.245	.747

资料来源：作者整理。

（5）两种创新方式问项的探索性与验证性因子分析

虽然在信度检验分析中，两种创新方式能够得到问项的充分表述，也能够很好的对两种不同的创新方式进行区分。我们有必要对两种创新方式的具体测量问项进行探索性因子分析和验证性因子分析。两种创新方式经过正交转换后的探索性因子分析结果如表 4.17 所示，数据表明，探索性创新的六个问项能够较好反映构念，开发性创新中第一个问项未能有效反映构念，故在正式发放问卷时将删除这一问项。

表 4.17　创新方式的因子分析

	因子 1	因子 2
T1	**.552**	.192
T2	**.773**	-.020
T3	**.758**	-.018
T4	**.795**	.098
T5	**.782**	.083
T6	**.783**	.066
K1	.010	.169
K2	.084	**.849**
K3	.266	**.829**
K4	.209	**.750**
K5	.054	**.741**
K6	-.093	**.755**

资料来源：作者整理。

题项的验证性因子分析结果表现较好，探索性创新和开发性创新能被观测问项所描述，探索性创新的第一个问项需要删除，具体结果如图 4.4 所示。

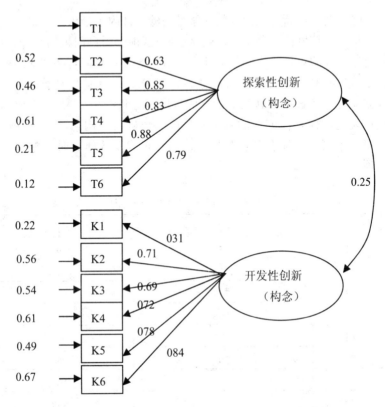

图 4.4　探索性创新与开发新创新的验证性因子分析结果

资料来源：作者整理。

4.3.2　调节变量问项及测量

（1）调节变量的问项设计

所谓制度环境是指企业所处的中国转型经济背景下的独特制度特征，而用以衡量制度环境的企业交易主体体制属性是指与企业进行交易的主要交易对象其是体制内组织还是体制外组织。围绕中国转型经济背景的制度特征，已有研究形成了较为丰富的研究成果，对中国转型经济的总体判断是，将"发展市场经济但保持一定程度的国家宏观调控"是经济转型的前提。因此，在中国情境下，存在正式的制度安排，即市场经济制度的建立，以及非正式的制度安排，即蕴含中国文化的制度逻辑。在正式的制度安排下，国家规制并控制市场，形成体制内的格局；而在非正式制度安排下，市场引导企业，形成体制外的格局。这种体制内外并存的复杂二元经济结构是中国情境下制度环境的重要特征。

　　本研究采用与企业进行交易或合作的交易主体的体制属性来衡量企业所处的制度环境。对于企业交易主体的体制属性，本研究将政府机关、国有企业、行政事业单位作为体制内组织的衡量标准，而将外资企业、私营企业、合资企业作为体制外组织的衡量标准。这种类型划分得到了已有研究成果的理论支持，也能在现实中反映我国转型期社会结构复杂性所导致的单位属性差异（边燕杰等，2006；Boisot and Child，1996；Child and Tse，2001）。具体的问项设计也同样以深度访谈和文献参考为依据，最终选择了四个问项，反映在表 4.18 中。

表 4.18　企业交易主体体制属性的具体问项

测量题项	文献来源
我们建立关系时更愿意通过政府机关、事业单位或国有企业牵线	边燕杰等人（边燕杰等，2006；Boisot and Child，1996；Child and Tse，2001）
政府机关、事业单位或国有企业更能为我们提供其他的合作关系和伙伴	
该政府机关、事业单位或国有企业依赖于主要合作伙伴来建立其他的合作关系	
该政府机关、事业单位或国有企业通过多个中介主体来寻找和建立新的合作伙伴和关系	

　　资料来源：作者整理。

　　同样的方法，我们进行了调节变量的处理。发现调节变量的 Cronbach 系数值分别为 0.861、0.832、0.827 和 0.906，所有系数值也都超过了 0.7，反映了其内部一致性程度也很高，具体参数值如表 4.19 所示。

表 4.19　企业交易主体体制属性问项的信度检验结果

整体 Alpha 值为 0.89	Scale Mean if Item Deleted	Scale Variance if Item Deleted	Corrected Item-Total Correlation	Squared Multiple Correlation	Cronbach's Alpha if Item Deleted
ptner1	10.2314	10.840	.751	.620	.861
ptner2	10.2784	10.643	.825	.708	.832
ptner3	10.2235	10.741	.841	.715	.827
ptner4	10.4078	12.227	.623	.423	.906

资料来源：作者整理。

（2）具体问项的信度检验、探索性因子分析和验证性因子分析结果

关键节点的体制属性，主要考量的是主体企业在交易过程中的企业体制类型，这是中国社会特有的现象，在计划经济向市场经济转轨的过程中，依赖计划资源和市场资源进行经营的二元现状是现有经济的主要特点。一般来说我们将企业分为两类，一类隶属于体制内，一类隶属于体制外。体制内属性主要是强调行政级别、资源分配的行政命令、市场交易的计划指导、经营内容的政府特许或授权等方面。换句话说，政府的行政权力在很多经营交易过程中发挥着一定作用。根据边燕杰等（2006）的研究，我们用 Cronbach 的 Alpha 系数来衡量问项内部一致性，发现最小的 Alpha 值为 0.804，表明问项具有高度内部一致性，整体 Alpha 系数为 0.85。具体信度检测结果如表 4.20 所示

表 4.20　企业交易主体体制属性的内部一致性检验

测量题项	整体信度 Alpha 为 0.85
我们建立关系网络时更愿意通过政府机关、事业单位或国有企业牵线（观测值 1）	Alpha=0.812
政府机关、事业单位或国有企业更能为我们提供其他的合作关系和伙伴（观测值 2）	Alpha=0.804
该政府机关、事业单位或国有企业依赖于主要合作伙伴来建立其他的合作关系（观测值 3）	Alpha=0.871
该政府机关、事业单位或国有企业通过多个中介主体来寻找和建立新的合作伙伴和关系（观测值 4）	Alpha=0.825

资料来源：作者整理。

关于体制属性是否同属于一类因子，我们用 SPSS16.0 进行探索性因子分析（所选方法为主成分分析方法），首先我们对四个问项进行了 KMO 值和 Bartelett 检验（如表 4.21 所示），根据表 4.21 中的参数值，显然体制属性适合进行因子分析。

表 4.21　企业交易主体体制属性的 KMO 值与 Bartlett's 球型检验结果

KMO 值		0.806
Bartlett's 球型检验	卡方检验值	633.255
	自由度（df）	60.000
	显著性概率（Sig.）	

资料来源：作者整理编制。

我们依然按照特征值大于 1 这一选择条件来进行因子筛选，所选择的方法为主成分分析方法。经过分析我们发现，这四个问项能够较好的归纳为一个因子值。根据数据呈现的结果来看，所有问项的呈现结果能够反映 75.5% 的体制属性因子。表 4.22 的结果呈现出了体制属性的探索性因子分析结果。

表 4.22　体制属性的探索性因子分析

测量题项	因子 1
我们建立关系网络时更愿意通过政府机关、事业单位或国有企业牵线（观测值 1）	0.804
政府机关、事业单位或国有企业更能为我们提供其他的合作关系和伙伴（观测值 2）	0.920
该政府机关、事业单位或国有企业依赖于主要合作伙伴来建立其他的合作关系（观测值 3）	0.66
该政府机关、事业单位或国有企业通过多个中介主体来寻找和建立新的合作伙伴和关系（观测值 4）	0.751

资料来源：作者整理编制。

我们又借助 Lisrel8.70 对体制属性的观测值进行了验证性因子分

析，其分析结果如图 4.5 所示。根据图 4.5 我们发现，现有的四个测量问项都能够归属于关键节点的体制属性这一潜变量。

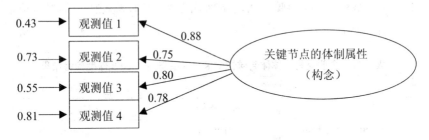

图 4.5　企业交易主体属性的验证性因子分析结果

资料来源：作者整理。

第5章 组织文化维度影响企业探索性创新与开发性创新的实证分析

为了使研究更为严谨，根据第4章确定的量表，本研究进行了问卷的正式发放，此次发放主要以随机发放为主，辅以针对性发放。正式问卷发放手段主要是根据问卷回答者、企业访谈者和MBA学员在首次填写问卷之后进行的二次发放。随机发放部分本研究在选择时依然遵循老数据内容。本次正式回收的有效问卷为256份，数据呈现出地缘广、类型多等特点，能够为前述命题验证提供详实的实证支持。

5.1 企业特性与组织文化维度的差异性分析

虽然本研究在收集数据上借助了MBA学员和作者不同的朋友圈，但由于不同回答者所处的企业、行业、企业属性、组织规模、组织结构特性、人员特性以及组织所在地都有较大差异，可能这些隶属于企业的属性内容会作用于文化内容，进而影响到企业的创新方式选择。为了避免企业特性对文化影响，本研究尝试检验了组织规模、资本特性、企业成立时间和企业中部门数量等四个方面是否会使得企业文化具有差异性。

5.1.1 样本企业类型的差异分析

本研究在设计问卷时，考虑了四种企业类型（资本密集型、技术密集型、劳动密集型和资源密集型）。本研究曾经设想不同资本属性的企业在文化表现上可能会出现差异，进而影响到企业创新方式的选择。按照一般设想，资本（资金）密集型企业往往灵活性较弱，这类企业对资本的依赖性强，往往缺乏冒险精神，对组织原有的行为往往具有很强的依赖性，机械性、科层制往往是这类企业的特点。具体到文化表现上就是可能表现为权力距离感知度很高、集体主义思维更多一些，组织比较关注稳定，不善于求变，对风险往往具有较强的规避意识。与资金密集企业不同，技术密集型企业灵活性较强，能够借助技术手段实施范围经济，因而创新意识较为浓厚，该类企业的自信心很足，组织内部的上下层级关系不太明显，企业在某种程度上也不惧风险，长期往往倾向于需求突破。劳动密集型企业非常关注成本压缩，该类企业权力距离感知较强，上下级关系表现明显，当然劳动密集型企业对风险较为抗拒，集体主义感知较强，在这类组织中个人的力量极其弱小，较少考虑组织的长远发展，劳动密集型企业重视短期利益，忽视长期思维。根据以上分析不难发现，企业资本属性不同，表现出来的文化特点就会有差异。根据这一推断本研究将企业资本属性作为重要的控制变量进行考量。

　　本研究选取了差异化资本属性下的权力距离差异分析，分析结果如表 5.1 和 5.2 所示。结果显示企业类型并不会造成企业的权力距离不同。

表 5.1　基于资本特性的企业文化描述性统计结果

变量问项	企业类型	样本数	均值	方差
（1）我们认为决策应由公司管理者决定，无需与下属商议	资本密集型	68	2.899	0.9527
	技术密集型	95	3.118	0.9832
	劳动密集型	63	20927	1.0251
	资源密集型	30	3.024	1.1025
（2）我们公司的上司与下属之间主要靠职权维系关系	资本密集型	68	3.222	0.9952
	技术密集型	95	3.013	0.6256
	劳动密集型	63	3.2226	0.7895
	资源密集型	30	3.335	0.6335

续表

变量问项	企业类型	样本数	均值	方差
（3）我们认为公司管理者应尽量少征询员工意见	资本密集型	68	2.995	0.7842
	技术密集型	95	2.877	0.7965
	劳动密集型	63	2.984	0.7855
	资源密集型	30	3.221	0.8754
（4）公司管理者应与员工保持距离，在工作之外少与员工接触	资本密集型	68	3.143	0.8596
	技术密集型	95	3.262	0.9486
	劳动密集型	63	3.145	0.9943
	资源密集型	30	3.086	0.97620
（5）员工不应该对公司管理者所作的决定表示异议	资本密集型	68	3.069	0.8657
	技术密集型	95	3.228	0.7591
	劳动密集型	63	3.158	0.8887
	资源密集型	30	3.135	0.9527
（6）公司管理者不应将重要的任务交给员工	资本密集型	68	3.214	0.8294
	技术密集型	95	3.221	0.7924
	劳动密集型	63	3.278	0.8285
	资源密集型	30	3.156	0.8294

资料来源：作者整理。

本研究通过方差分析，寻求表 5.2 显示不同资本属性下企业权力距离维度上所反映的测度指标的方差分析结果，各指标的 F 统计值的显著性概率都大于 0.05，表明不同的资本属性不会影响到企业文化的权力距离维度。这与先前的预判显然不一致。换句话说，企业文化维度中，资本属性类型并非如所设想的那样，会影响到企业文化中上下级关系的认知。无论何种类型的企业，都会产生千变万化、多种多样的文化特点。至于企业到底是偏重技术还是偏重资源，抑或是强调低成本劳动力都不会影响到权力距离的表现，也就是说企业的权力距离与企业的投资重点无关，进一步延伸下去，企业的权力距离与企业到底经营何种业务无关。

表 5.2 权力距离表现的差异分析（资本属性下）（ANOVA 分析）

差异源		Sum of Squares	自由度	F 统计量	显著性（Sig）
（1）我们认为决策应由公司管理者决定，无需与下属商议	组间	0.7211	3	0.1523	0.7532
	组内	134.8731	253		
	合计	136.3491	256		
（2）我们公司的上司与下属之间主要靠职权维系关系	组间	0.5291	3	0.2525	0.8759
	组内	126.2214	253		
	合计	126.7505	256		
（3）我们认为公司管理者应尽量少征询员工意见	组间	0.6428	3	0.1120	0.8522
	组内	108.9523	253		
	合计	109.9591	256		
（4）公司管理者应与员工保持距离，在工作之外少与员工接触	组间	0.2451	3	0.0915	0.8684
	组内	155.28	253		
	合计	155.5251	256		
（5）员工不应该对公司管理者所作的决定表示异议	组间	0.3232	3	0.2191	0.7432
	组内	109.25	253		
	合计	109.5732	256		
（6）公司管理者不应将重要的任务交给员工	组间	0.2164	3	0.1036	0.8944
	组内	142.25	253		
	合计	142.4664	256		

资料来源：作者整理。

在创新方式的选择上是否与资本属性有关呢？本研究以探索性创新的六个问项作为差异源进行方差分析，发现方差分析的结果与前述的权力距离类似，如表 5.3 所示。F 统计值的显著性概率都大于 0.05，表明不同的资本属性同样不会影响到探索性创新的表现。也就是说，无论是何种类型的企业，他们通过自己的努力都可以自主选择不同的创新方式，这进一步论证了借助马驰（March，1991）对组织学习的探索与开发分类去认识探索性创新和开发性创新使得企业自主性更强，这与李剑力（2009）的结论不谋而合，本研究从数据上验证了探索性创新与开发性创新这一创新分类体现的是企业的自主选择，而不是被动适应环境。

表 5.3　探索性创新表现的差异分析（资本属性）（ANOVA）

差异源		Sum of Squares	自由度	F 统计量	显著性（Sig）
（1）我们愿意接受超越我们产品（服务）的市场订单	组间	0.8281	3		
	组内	135.521	253	0.2955	0.8118
	合计	136.3491	256		
（2）我们在新产品（服务）上投入大量精力	组间	0.5291	3		
	组内	126.2214	253	0.2102	0.8759
	合计	126.7505	256		
（3）我们不断在原有市场上尝试推广新产品（服务）	组间	0.6428	3		
	组内	108.9523	253	0.2036	0.8522
	合计	109.9591	256		
（4）我们经常试图商业化全新的产品（服务）	组间	0.2451	3		
	组内	155.28	253	0.1520	0.9022
	合计	155.5251	256		
（5）我们经常利用新的市场机会	组间	0.3232	3		0.7655
	组内	109.25	253	0.2102	
	合计	109.5732	256		
（6）我们经常寻找全新的市场并试图探究这些市场	组间	0.2164	3		
	组内	142.25	253	0.1511	0.68254
	合计	142.4664	256		

资料来源：作者整理。

5.1.2　其他相关控制变量的差异分析

　　按照同样的途径和方法，本研究分析了资本属性对个人主义和集体主义、长期和短期导向、不确定规避以及开发性创新的影响进行了方差分析，综合分析结果也表现为 F 统计量显著大于 0.05，由此可以看出，本研究所选择的常见类别并没有影响到企业的文化维度，也没有影响到企业对探索性创新和开发性创新的选择，因此在分析时可以独立分析文化对创新方式的影响。具体分析配对情况如表 5.4 所示。

表 5.4　不同差异源下企业属性的方差分析结果呈现

差异源			F 统计量参照结果
个人主义和集体主义问项	资本属性 组织规模 成立年限 部门数量	组间	>0.05
		组内	
		合计	
不确定规避问项	资本属性 组织规模 成立年限 部门数量	组间	>0.05
		组内	
		合计	
权力距离问项	资本属性 组织规模 成立年限 部门数量	组间	>0.05
		组内	
		合计	
长期和短期导向问项	资本属性 组织规模 成立年限 部门数量	组间	>0.05
		组内	
		合计	
体制属性问项（调节项）	资本属性 组织规模 成立年限 部门数量	组间	>0.05
		组内	
		合计	

资料来源：作者整理。

5.2　组织文化维度影响探索性创新与开发性创新的路径分析

　　通过第 4 章的因子分析，可以看出组织文化维度的思维划分是合理的，而找出其中能够影响企业创新方式选择的关键，这对于企业自主选择创新方式有着极强的指导和借鉴意义。本研究选择了 SPSS16.0 首先尝试进行了多元线性回归，为了保证因子分析值所产生回归结果的科学性，首先需要对多元线性回归的问题进行分析，主要针对多重共线性、异方差和序列相关性这三方面进行检验。鉴于本研究所选取的变量均无法通过直接观测得到，因而在方法选择上，将借助结构方程模型进行实证分析，从而使研究结论更具可信性。

5.2.1 相关变量及关系检验

由于本书在研究时将若干观测变量进行整合，以此来代表相关的潜变量。在借助 SPSS 进行分析时，存在先天性缺陷，因为文化每一个维度的测量都需要一系列问题来共同描述。另外，对于本研究的两种创新形式也具有自变量类似的特性，因此将量表中的若干命题借助因子分析所得到的因子值，作为本研究的每一个文化维度、体制属性以及两种创新方式的观测值，进而通过 SPSS16.0 进行强制回归。本研究将所有的变量强行一次性进入回归方程，强制回归结果及其具体的检验数据如表 5.5（以探索性创新为因变量）和表 5.6（以开发性创新为因变量）所示。

表 5.5　强制回归结果及多重共线性检验结果 [ab]

	非标准化系数		标准化系数		显著性		共线性诊断	
	模型 a	模型 b	模型 a	模型 b	模型 a	模型 b	CI	VIF
（Constant）	-1.15E-011	-1.31E-021			1.000	1.000		
权力距离	-0.028	0.015	-0.218	0.025	0.000	0.002	1.000	2.231
个体主义	0.040	0.032	0.145	0.040	0.014	0.025	1.200	1.825
不确定规避	-0.015	0.023	-0.115	-0.025	0.020	0.012	1.504	1.728
长/短期导向	0.007	0.114	0.152	0.107	-0.018	0.034	1.432	2.211
体制属性	0.202	0.152	0.212	0.205	0.015	0.032	1.236	2.189
体制属性*权力距离	0.068	0.201	0.328	0.268	0.025	0.041	1.712	2.322
体制属性*个体主义	-0.037	0.135	0.112	-0.137	0.035	0.029	1.756	1.825
体制属性*不确定规避	-0.116	0.145	0.116	-0.122	-0.025	0.015	1.231	2.221
体制属性*长/短期导向	0.472	0.381	0.472	0.345	-0.015	0.033	3.152	1.804

注：a. Dependent Variable：探索性创新；b. Dependent Variable：开发性创新。

资料来源：作者根据 SPSS16.0 分析结果整理。

在衡量多重共线性上，本研究利用病态指数（CI：Condition Index）和方差膨胀因子（VIF：Variance Inflation Factor）来进行检验，通过表 5.5 可以看出二者都小于 10，由此可以得出，因子之间不存在多重共线性问题。

常用的异方差检验手段是借助尚未标准化的残差绝对值和结果变量间的等级相关系数来检验，进而将标准化前的残差绝对值与结果变量的相关系数和 0 作比较，如果显著不等于 0，则可判断模型的异方差存在，反之模型就能通过方差检验。借助 SPSS16.0，探索性创新和开发性创新与标准化前的残差间的等级相关系数如表 5.6 和表 5.7 所示。

表 5.6　探索性创新与残差绝对值间的等级相关系数

		探索性创新	残差的绝对值
探索性创新	Pearson Correlation	1	−.048
	Sig. (2-tailed)		.522
	N	256	256
残差的绝对值	Pearson Correlation	−.048	1
	Sig. (2-tailed)	.522	
	N	256	256

资料来源：作者根据 SPSS16.0 分析结果整理。

表 5.7　开发性创新与残差绝对值间的等级相关系数

		探索性创新	残差的绝对值
开发性创新	Pearson Correlation	1	−.055
	Sig. (2-tailed)		.523
	N	256	256
残差的绝对值	Pearson Correlation	−.055	1
	Sig. (2-tailed)	.523	
	N	256	256

资料来源：作者根据 SPSS16.0 分析结果整理。

从表 5.6 和 5.7 所反映的 Spearman 相关系数来看，探索性创新和开发性创新与各自残差绝对值之间的相关系数分别为－0.048 和－0.055，所得到的这两个数据和 0 之间未能发现显著差异，双尾检验也不是显著不同于 0，因此本研究发放与回收的样本数据未发现异方差现象。

在序列相关性问题上，本研究将采用 DW（Durbin-Watson）进行检验，根据强制回归的结果，作者发现两个模型的 DW 值分别是 1.925 和 1.977，显然均接近 2，这表明现有模型中因子间不存在序列相关性。

根据强制回归的结果来看，此次收回的 256 份有效数据样本很好的避免了序列相关性、多重共线性和异方差的现象。

5.2.2　相关变量验证

根据前述章节中的相关命题，本研究对正式回收的有效问卷展开分析。本研究共涉及 7 个潜变量，根据初始问卷调整的情况和模型的逐步修正，现有的量表基本能够反映本研究提出的 7 个潜变量，分别是 4 个自变量权力距离、个体主义/集体主义、不确定规避和长/短期导向，2 个因变量即探索性创新与开发性创新，1 个调节变量即体制属性，本研究在衡量体制属性时同样是借助李克特五级量表进行，并未单纯将体制内外做 0～1 区分，而是分解衡量，在中国二元经济的现在，不可能单独存在体制内或休制外的经济体，大多数企业都徘徊在体制内外，因此进行分级别衡量是最为合适的。借助 Lisrel8.70，可以先展开验证性因子分析（CFA），根据回收的 256 份有效数据，本研究将所有的观测变量都放入潜变量之中进行 CFA 分析，分析结果如图 5.1 所示。

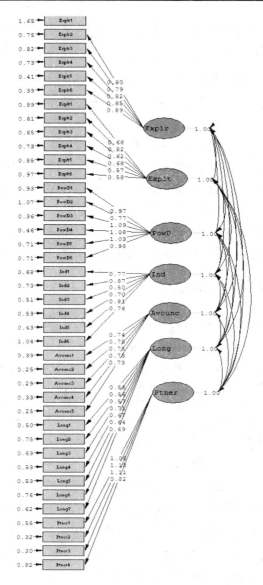

图 5.1　7 个潜变量的验证性因子分析

资料来源：作者整理。

据此，可以将探索性创新的第一个问项删除，其他反映潜变量的所有问项可以暂时保留。

5.2.3　探索性创新与开发性创新的文化路径验证

（1）探索性创新与开发性创新的文化选择路径的初始 SEM 模型（结构方程模型）

本书将探索性创新与开发性创新作为直接的内生变量，将权力距离、个体/集体主义、不确定规避和长/短期导向 4 个因子作为外生变量来处理。根据 Lisrel8.70 的处理要求，本书将 SEM 模型进行了如图5.2 的设计。

在组织文化维度对创新方式影响的初始路径模型中，共有 6 个潜变量和 31 个观测变量，其中权力距离、个体主义/集体主义、不确定规避和长/短期导向这 4 个潜变量定义为外生潜变量（exogenous variables），分别用 ξ_1、ξ_2、ξ_3 和 ξ_4 来表示；探索性创新和开发性创新作为结果出现，本研究将其定位为内生潜变量，分别用 η_1 和 η_2 表示。除了潜变量和显变量以外，模型中还有 e1 至 e31 共 31 个残差变量和 U_1、U_2 两个潜变量的残差变量。

（2）模型的检验

模型评价的核心在于模型的拟合性。结果显示模型 A 拟合的很好，RMSEA=0.034 ，　NFI=0.92 ，　NNFI=0.92 ，　CFI=0.93 ，　GFI=0.90 ，AGFI=0.94，P=0.00＜0.05。其初始模型的路径关系系数如图 5.2 所示[①]。根据图 5.2 建立的建构方程模型（SEM），从文化因素中不同维度作用于不同创新方式的路径假设可以看到。

---

① 近似误差均方根（RMSEA，Root Mean Square Error of Approximation）在 0.08 以下，非规范拟合指数（NNFI, Non-Normed Fit Index）和 CFI 在 0.9 以上，认为所拟合的模型是一个好模型（侯杰泰，2004）。

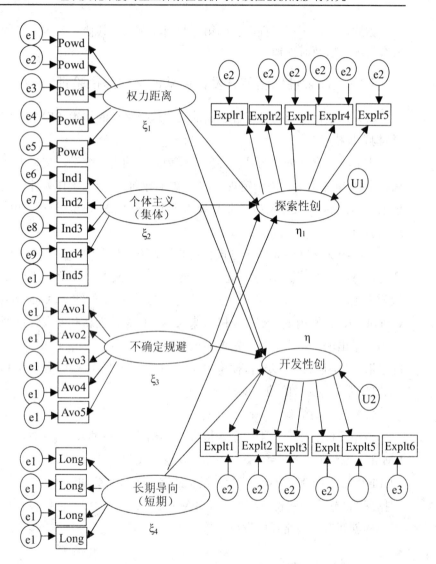

图 5.2　组织文化维度对影响探索性创新与开发性创新的初始路径模型（模型 A）

资料来源：作者整理。

表 5.8　文化维度作用于创新方式的路径系数检验

外生潜变量	内生潜变量	路径系数	t 值（>2）	标准误差	显著性检验结果
权力距离	→探索性创新	-0.86	2.52	0.54	显著
个体/集体主义	→探索性创新	0.04	0.41	3.11	不显著
不确定规避	→探索性创新	-0.55	2.50	0.10	显著
长/短期导向	→探索性创新	0.66	2.01	1.18	显著
权力距离	→开发性创新	1.95	0.54	2.26	显著
个体/集体主义	→开发性创新	-0.05	-0.45	6.98	不显著
不确定规避	→开发性创新	2.58	-0.61	32.16	显著
长/短期导向	→开发性创新	-0.86	0.65	13.72	显著

资料来源：作者整理。

根据表 5.8 的结果，文化维度对创新方式选择影响的相关假设验证情况如表 5.9 所示。

表 5.9　假设验证结果

假设	主要命题陈述	验证结果
H1a	权力距离与探索性创新负向相关	支持
H1b	权力距离与开发性创新正向相关	支持
H2a	不确定规避与探索性创新负相关	支持
H2b	不确定规避与开发性创新正相关	支持
H3a	个体主义与探索性创新正相关	不支持
H3b	个体主义与开发性创新负相关	不支持
H4a	长期导向与探索性创新正相关	支持
H4b	长期导向与探索性创新负相关	支持

资料来源：作者整理。

另外，本研究将体制属性也置入模型中，用它来发现体制属性的内外对创新方式的影响，结果发现体制外企业更具冒险意识，更愿意尝试探索性创新，而体制内的企业则更愿意尝试开发性创新。其路径系数和结果如表 5.1 所示，显然体制内属性越强，企业越倾向于进行开发性创新，而避开探索性创新；体制外属性则与此相反。

表 5.10 体制属性对创新方式的影响

调节变量	结果变量	路径系数	Sig（alpha 系数）	显著性检验
体制内属性	探索性创新	−0.23	0.002	显著
	开发性创新	0.15	0.031	显著
体制外属性	探索性创新	0.19	0.022	显著
	开发性创新	−0.21	0.014	显著

资料来源：作者整理。

5.2.4 交易主体体制属性的调节验证

根据已有的模型，需要引入关键的调节变量。为了让模型处理的简洁一些，本研究将调节变量的 4 个问项进行了聚类，通过将 4 个问项的因子值来确定其整体情况，即将体制属性内容由潜变量转变为可观测变量，进而得到如下模型（如表 5.11 和 5.12 所示）。

表 5.11 体制属性加入后的模型路径系数变化（探索性创新）

相关变量	路径系数		Sig（alpha 系数）	显著性检验
	原系数	交叉效应系数		
权力距离	−0.86		0.011	显著
权力距离*体制属性		−0.14	0.013	显著
不确定规避	−0.55		0.022	显著
不确定规避*体制属性		−0.21	0.034	显著
长期导向	0.66		0.019	显著
长期导向*体制属性		−0.11	0.018	显著

资料来源：作者整理。

表 5.12　体制属性加入后的模型路径系数变化（开发性创新）

相关变量	路径系数		Sig	显著性
	原系数	交叉效应系数	（alpha 系数）	检验
权力距离	1.95		0.026	显著
权力距离*体制属性		0.31	0.022	显著
不确定规避	2.58		0.022	显著
不确定规避*体制属性		0.21	0.034	显著
长期导向	-0.86		0.019	显著
长期导向*体制属性		0.15	0.021	显著

资料来源：作者整理。

根据表 5.11 和表 5.12 的结果，可以发现体制属性调节了文化维度对创新之间的关系。权力距离与探索性创新表现为负相关关系，其关系系数为-0.86（$\alpha=0.011$），加入体制属性后，权力距离与体制属性的交互效应较为显著，交互效应系数为-0.14（$\alpha=0.014$），表明体制属性对权力距离和探索性创新的关系有显著的负向调节作用。与此相对应，权力距离与开发性创新呈现出正相关关系（系数为 1.95，$\alpha=0.026$），体制属性对以上关系的调节是显著正向的（系数为 0.31，$\alpha=0.022$）。从现有的数据结果来看，基本的调节效应都得了较好验证。由于调节变量的概念是建立在另外两个变量的关系之上的，如果没有两个变量的关系作为前提，也就不必讨论第三个变量的"调节作用"了[①]。本研究中由于个体主义/集体主义对探索新创新和开发性创新的影响并不显著，因此放弃利用体制属性对个体主义/集体主义和两种创新方式之间的调节验证。

假设最终验证结果如表 5.13 所示。

①　陈晓萍，徐淑英，樊景立. 组织与管理研究的实证方法[M]. 北京：北京大学出版社，2012：317.

表 5.13 调节效应假设验证结果

假设	主要命题陈述	验证结果
H5a	企业交易主体体制属性负向调节权力距离与探索性创新的关系	支持
H5b	企业交易主体体制外属性正向调节权力距离与开发性创新的关系	支持
H6a	企业交易主体体制属性负向调节不确定规避与探索性创新的关系	支持
H6b	企业交易主体体制属性正向调节不确定规避与开发性创新的关系	支持
H7a	企业交易主体体制属性负向调节个人主义与探索性创新的关系	不支持（放弃验证）
H7b	企业交易主体体制属性正向调节个人主义与开发性创新的关系	不支持（放弃验证）
H8a	企业交易主体体制属性负向调节长期导向与探索性创新的关系	支持
H8b	企业交易主体体制属性正向调节长期导向与开发性创新的关系	支持

资料来源：作者整理。

第6章 组织文化维度影响企业探索性创新与开发性创新的案例研究

组织文化维度中的权力距离、不确定性规避以及长期导向会对探索性创新与开发性创新选择产生影响，且这种作用会受到企业交易主体体制属性的调节影响。然而，应用大样本的统计检验固然能够验证研究对于组织文化维度影响两种创新的理论假设，但无法深入探讨这种影响机制的内在机理，挖掘影响作用的过程路径。对于影响过程内在机理的揭示适宜采用理论建构式的案例研究方法。因此，本研究将采用多重案例研究方法，着重探讨组织文化维度影响两种创新的过程机理。

6.1 案例研究设计

6.1.1 案例选择

本研究利用 2 家企业（出于对企业信息保密的考虑，以企业 A 和企业 B 表示）作为案例研究对象，将其中 4 个创新项目组作为嵌入式分析单元，采用多重案例研究方法分析组织文化维度影响探索性创新与开发性创新的过程机理。案例企业选择的标准是：（1）案例企业具有产品研发与生产的基本职能；（2）案例企业在不同的组织单元实施了探索性创新和开发性创新活动；（3）案例企业在不同的组织单元拥有不同类型的组织文化；（4）出于便利性抽样的考虑，选择作者已经跟踪多年、多次调研并积累了大量调研资料的企业。本研究所选择的案例企业基本信息如表 6.1 所示。

表 6.1　案例企业简况

案例企业	成立年限	从事业务	创新项目		发展/收益状况
A	2001 年	主要从事气体调节设备的研发、生产与销售，该设备主要用于蔬菜水果保鲜、健身场馆、文物保护等	军品项目：通过研制用于车载、船用的保鲜设备，为陆军、海军提供后勤补给	民品项目：研发与生产农产品保鲜设备、健身场馆氧环境生成设备、文物保护的氧环境生成设备	现已成为陆军、海军后勤保障设备的重要供应商，且在民用市场上有较好的表现，收益较高
B	2002 年	环保类项目的建设与运营，目前主要业务为垃圾处理	垃圾焚烧项目：通过引进德国垃圾焚烧处理设备，从事生活垃圾的焚烧处理	设备国产化项目：将国外设备进行国产化研发与生产，研制出如自动擦窗机等国产设备	现已建成为华北地区规模最大的垃圾焚烧发电厂，但由于成本较高，收益适中

资料来源：作者根据调研资料整理。

本研究采用嵌入式案例设计，即以 2 家企业为本案例研究的主分析单元，以案例中不同的创新项目作为嵌入式分析单元。原因在于：许多企业都会同时在企业内实施探索性创新和开发性创新，而针对不同的创新活动，企业的组织形式与组织文化不尽相同，因此有必要发掘不同组织文化氛围下创新活动开发的内在机理，以形成对组织文化维度影响企业创新方式的理论解释。

6.1.2　资料收集过程

本研究通过实地调研、深度访谈、档案资料等一手资料收集与二手资料收集的方式，获取本研究的分析资料。一手资料主要来源于以下 2 个方面：一是实地调研，作者与本研究所属的课题组对 2 家案例企业进行了长达 3 年的跟踪调研，且对案例企业进行了多次实地观察，获取大量一手调研资料；二是作者与 2 家案例企业的创业者、高层管理者保持长时间的紧密联系，借此进行了多次深度访谈，访谈内容涉及案例企业创新活动的开展过程、面临的困难、解决的办法，以及创新活动的组织背景、组织文化等问题。对 2 家企业的实地观察从 2008 年开始，深度访谈集中于 2013 年 5 月至 9 月完成，并于 2013 年 11 月至 12 月进行了补充调研。

二手资料主要来源于以下 3 个方面：一是案例企业的档案资料，包括公司产品简介、营业状况介绍、针对陆军与海军的项目介绍、民品项目推介、相关制度规定等；二是通过访问案例企业的公司网站，针对公司业务与产品等获取相关信息；三是借助网络搜集了案例企业所处行业的相关信息，以深入了解案例企业的创新活动。

资料搜集分三个阶段展开：第一阶段主要采用实地观察辅以开放式访谈以获得一手资料，但对于访谈中的开放式问题会辅以简单的指导。例如，如果被访谈者只是简略地回答"我们的产品是全新的产品，在市面上没有"，我们就会深入追问产品中所蕴含的技术、知识等信息。同时，本研究还采用"关于这个你能否告诉我更多的内容""我对这个问题很感兴趣""在这个问题上你是怎么考虑的"等启发式问题，以探查现象背后隐含的问题。第二阶段主要采用焦点式访谈，围绕上一阶段遗漏的问题、含混不清的问题、具有典型意义的问题等进行深入调研，挖掘深层次信息。在这一阶段，本研究发展了一个从资料抽离出的工作框架（framework），用以建构对案例资料的理论解释，形成资料与理论间的联系，并通过资料与理论的循环往复与互动，使得资料不断被填补到工作框架中，完善理论内涵。第三阶段，本研究一方面针对前两个阶段调研中存在的问题进行补充调研，另一方面运用三角检定法考察资料中存在的矛盾与偏差进行更正式调研。

6.1.3　研究的信度与效度

对于研究的效度，本研究着重考虑构念效度和阐释效度。首先，本研究注重多种资料收集方式的运用以及多重证据来源的整合提高构念效度。具体而言，本研究通过实地观察、深度访谈、文件和档案记录、网站资料收集等多种方式形成研究资料，并结合三角检定法促进多重证据来源的收敛，从而形成对关键构念的科学解释。

其次，本研究成立了由一名具有较强理论基础的教授、一名从事组织创新研究的副教授、一名博士生和一名硕士生组成的四人案例分析小组，对本研究的案例资料进行背对背编码，以提高研究的阐释效度与信度。从阐释效度的角度来看，本研究要求一名博士生和一名硕士生组成访谈记录小组，对访谈录音资料进行文本整理，并就其中存在疑问的问题向被调研企业征询，通过反复听取和研究录音内容，向研究小组的教授和外部专家进行咨询以及向企业求证的方式形成对问题的统一解释。从信度的角度来看，本研究将研究小组进一步分成两人一组的两个小组，分别对调研资料进行编码，再对编码结果进行比较，就不一致的地方进行组内讨论与组外征询，从而提高研究的信度（参见表 6.2 所示）。

表 6.2　本研究对信度与效度的考虑

测试指标	含义	本研究的做法	应用阶段
构念效度	对所研究的概念，建立正确的操作性衡量方法	本研究将使用多重证据来源帮助探究活动的收敛性，通过不同资料来源（文件、档案记录、访谈、直接观察、相关新闻报道等）彼此之间的交叉检验，以确认个案与理论互动过程中，对相同事实的不同测量，以提高构念效度	资料收集
阐释效度	以客观的态度而非以主观意识形态对资料进行编码与阐释	本研究将建立多重证据来源，使用多种方法搜集资料，采用三角检定法进行资料相互印证；同时向他人征询反馈意见，避免本身的偏见或预设立场，或是研究中的逻辑与研究方法缺陷	资料分析

续表

测试指标	含义	本研究的做法	应用阶段
信度	说明资料收集过程中的操作因子，使得其他研究者可以重复实施并将得到相同的结果	本研究将收集的个案资料归纳整理成为一个资料库，使后续研究者可以直接参照此研究资料库，进行证据收集与解释，并对本研究结果进行重复验证	资料收集

资料来源：作者编制。

6.1.4　数据分析过程

本研究参考扎根理论的开放式译码，遵循现象抽离、概念化、范畴化的渐进方式进行编码，逐步分析权力距离、不确定性规避、长期导向影响探索性创新与开发性创新的路径。编码过程示例，如图 6.1 所示。

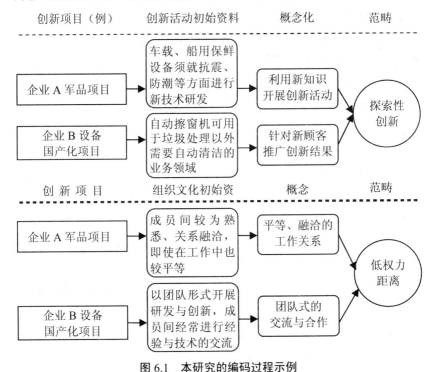

图 6.1　本研究的编码过程示例

6.2 权力距离对探索性创新与开发性创新的影响

6.2.1 权力距离与探索性创新、开发性创新

根据表 6.3 所示的案例资料，从知识共享意愿层面来看，较低的权力距离会在组织中形成平等认知，即赋予组织成员以平等规范，让每位成员包括上级认为平等是工作的前提。在这种暗示规范的影响下，上级更愿意扮演支持者而非命令者的角色，而下级的知识共享意愿更强，有利于调动那些掌握关键知识人员的积极性。正如李仁芳（1995）对厚基型组织的研究，指出要想提高掌握关键知识人员的知识共享意愿，需通过"三权适配"建立厚基型组织，即赋予这些人员以产权、知识权和管理权，从而营造低权力距离的氛围。基于知识共享氛围的知识交流能够激发员工间的知识传递与获取，使得组织内的知识含量提高，有利于探索性创新的开展。而高权力距离则在管理者权威影响下指导知识获取的强度、对象和范围，从组织的角度提供知识而非员工间的共享，促进开发性创新的开展。

从组织结构层面来看，较高的权力距离往往存在于正式的、集权的组织中，意味着组织结构趋向于层级化。这主要是由于下级所感知到的来自上级的权力压力，一方面来自组织层级所带来的制度压力，另一方面则会引致组织结构的层级差异，即使组织结构并非形成制度化的层级，而仅表现为层级化的组织常规，即日常事务的处理不是经过制度程序，而是沿循惯例做法。这意味着权力距离与组织结构存在一种交互作用。较高的权力距离所引发的层级结构，会经由信息处理流程的复杂化，阻碍探索性创新活动的推进；但会在层级流程中促进惯例性现有知识的流动，以利于开发性创新。正如案例企业

B，较高的权力距离使其建有层级化的组织结构，表现为多层级的直线职能制，一个创新项目的审批要经过多个程序、较长时间，因而探索性创新活动往往很难开展，现有的创新多是沿着开发性创新的道路推进的。

表 6.3　权力距离与探索性创新、开发性创新的案例证据

案例证据	权力距离	知识共享意愿	组织结构	创新方式
在 A 公司的军品项目中，项目组成员主要是创业者在部队的战友或战友的子女，成员间较为熟悉、关系融洽，即使在工作中也较平等。军品项目的开发主要是以团队的形式进行，团队成员自愿共享自己的知识与技能。所开发的车载、船用保鲜系统都是与以往陆地使用保鲜系统完全不同的新系统，需要进行多方面的试验与开发	低	高	扁平	探索性创新
A 公司的民用项目主要通过招募外部人员组建项目组，且由于民用产品相对成熟，公司设立了民品部开发农产品保鲜系统。部门内具有明确的层级，新进人员对老员工、上级领导较为尊重，职位晋升论资排辈。外部人员的流动性较高，共享知识的意愿不强。公司所开发的民品主要是在原有保鲜系统知识基础上在农产品领域中的应用	较高	低	层级	开发性创新
从事垃圾处理的 B 公司是一家国有企业，公司内部具有从公司高管到职能部门再到生产车间的科层体系。不同员工在工作服、休息时间、办公空间、薪酬等方面差异较大，上下级的差异更为明显。公司的研发主要是引进国外先进技术后的吸收创新，在国外技术基础上的改进	高	低	层级	开发性创新
B 公司也在从事国产化设备的自主研制与开发，专门成立研发中心开展自主创新活动。该研发中心具有较为松散的组织结构，以团队的形式进行开发与创新活动，成员间时常进行经验与技术的交流	较低	高	扁平	探索性创新

资源来源：作者根据案例资料整理。

6.2.2　企业交易主体体制属性的调节作用

　　根据表 6.4 所示的案例资料，在与体制内组织进行交易时，企业组织文化中高权力距离要素促进开发性创新的作用将被强化，而低权力距离要素促进探索性创新的作用却被弱化。原因在于：首先，体制内组织自身较高的权力距离所引发的强等级制度与沟通系统，使得与其进行交易的企业需要调整自身的沟通流程与治理策略，融入体制内组织的价值链。这意味着企业的创新活动不仅仅要受到自身权力距离的影响，还要受到交易对象权力距离的制约。由于体制内组织已形成等级式信息传递与沟通系统的暗示规范，因而与之进行交易的企业需改变组织内沟通与知识共享的规范，遵从体制内组织对沟通、汇报的要求进行信息传递与知识共享。其次，体制内组织对突破以往知识结构的新知识接纳程度较低，稳健的管理理念使其更接受在现有知识基础上衍生出来的风险较低的新知识。这使得企业需根据体制内组织在现有知识方面的需求开展改进式的创新。正如案例企业 A 所展示的，陆军、海军部队针对新产品提出关于官兵使用中的问题，如不好操作等，希望企业多进行这方面的改进，而不是探索全新的产品。因此，企业主要围绕智能化、小型化、一键式等方面进行开发性创新，以补充探索性创新的不足。

　　在与体制外组织进行交易时，深谙市场运作知识与竞争规则的体制外组织鼓励新知识的获取与新技术的产生，强化了权力距离对探索性创新的促进作用，弱化了对开发性创新的影响。尽管相对于体制内组织而言，体制外组织所掌握的社会权力与权力背景性资源较少，但体制外组织在市场运作与竞争规则方面的知识结构更丰富，知晓技术创新是竞争制胜的关键。因此，体制外组织在与企业进行交易的同时，更倾向于与企业开展联合创新以激发新知识与新技术。权力距离较低的企业更能够融入体制外组织的知识体系，形成双边共享式的创新氛围，促进知识的传递与技术的合作，强化探索性创新的产生。即使权力距离较高的企业，也能够在与体制外组织的交易与合作过程中，受到体制外组织低权力距离氛围以及团队合作式知识共享的影响，在开发性创新活动中融入探索性创新活动。正如案例企业 A 所展示的，体制外组织对创新产品的要求，以及体制外组织在创新过程中的参与，使得原本从事开发性创新的民品业务不断创造新知识，适应新市场，带动民用保鲜设备的不断升级。

表 6.4   企业交易主体体制属性调节权力距离影响创新方式的案例证据

案例证据	权力距离	交易主体体制属性	创新方式
在 A 公司的军品项目中，所开发的车载、船用保鲜系统都是与以往陆地使用保鲜系统完全不同的新系统，需要进行多方面的试验与开发。这些车载、船用保鲜系统主要销售给陆军、海军部队，产品的后续开发，如针对部队人员流动性而造成的使用困难展开的一键式、智能化研发，主要是在现有产品基础上的持续改进	低	内	探索性创新、开发性的程度提高
A 公司的民用项目所开发的主要是在原有保鲜系统知识基础上在农产品领域中的应用。相关系统主要销售给农产品企业。由于市场竞争的日趋激烈，公司一方面在不断探寻新的民用领域，如健身场馆建设；另一方面也在创新农产品保鲜系统，如根据每种蔬菜水果特性设计保鲜系统	较高	外	开发性创新、探索性的程度提高
从事垃圾处理的 B 公司是一家国有企业，公司的研发主要是引进国外先进技术后的吸收创新，在国外技术基础上的改进。公司主要为地方政府提供垃圾处理业务，满足各地的垃圾处理需求。公司已在多地建设垃圾焚烧发电厂，都是复制公司在天津本部的设计、建设与运营模式	高	内	开发性创新
B 公司也在从事国产化设备的自主研制与开发，专门成立研发中心开展自主创新活动。该设备（自动擦窗机等）主要销售给从事垃圾处理业务的各类企业，而各企业由于进行垃圾处理的方式不同，而对设备存在各方面定制化的需求，这使得公司要根据客户需求进行适应性的创新研究	较低	外	探索性创新

资源来源：作者根据案例资料整理。

6.3 不确定性规避对探索性创新与开发性创新的影响

6.3.1 不确定性规避与探索性创新、开发性创新

根据表 6.5 所示的案例资料，企业的创新活动是具有较高不确定性的价值活动。从技术演变层面来说，主导设计的颠覆、突破性技术的产生等技术演变趋势会使得企业的探索性创新活动的创新性降低，使产品趋于日用品化。从市场需求层面来说，顾客需求的变化、需求层次的变化以及顾客获取价值过程的变化使得技术创新要不断演变以跟随顾客需求的变化。从创新过程层面来看，创新任务的开展往往具有复杂性，表现为完成任务的路径、过程以及结果层面的不确定性，即可能存在创新实施的多条路径、多种结果以及不同路径与结果相交织的过程。多个层面的不确定性增加了企业创新活动开展的难度与成功的可能，使得企业必须正视创新的风险，在一定程度上规避不确定性。正如案例企业 B 在自主创新项目中，就要根据顾客的需求在产品中融入定制化要素或者进行适应性创新，不断试验、试制但又要降低成本，因而不确定性的规避成为关键一环。

表 6.5 不确定性规避与探索性创新、开发性创新的案例证据

案例证据	不确定性规避	领导风格	知识转移	创新方式
A 公司的军品项目由公司的创业者直接领导，由于其是军人出身，且在部队期间从事相关技术研发工作，具有丰富的技术经验与职能经验，因此其深信军品项目的可行性。其在领导战友共同创业期间，注重授权，共同协商，不断交流，以团队的形式开发部队使用的保鲜系统	低	授权	默会性知识	探索性创新

案例证据	不确定性规避	领导风格	知识转移	创新方式
A 公司的民用项目由公司创业者任命创业团队中的一名主要成员负责。其同样是军人出身，对军用保鲜设备较为熟悉，而对军品民用相对陌生，尽管公司认为民用领域市场广大，但最初半年的零销售也使民用项目负责人担心项目的后续发展，因而在创新活动中多采用能够跟上消费者感知需求的成熟技术，而非全新的技术。其所领导的团队成员多为外部招聘人员，对自身拥有知识多有所保留。公司所开发的民品主要是在原有保鲜系统知识基础上在农产品领域中的应用	较高	限制性措施	外显性知识	开发性创新
B 公司垃圾处理项目的运营由公司总经理负责，而该总经理由上级母公司（上市公司）总经理兼任。由于每年上市年报的压力，公司总经理较少采取风险高的创新活动和市场行动，常采用指导性、命令性措施避免风险的产生。而对于公司员工而言，稳定中求发展是众人期望的规范，因而员工更倾向于上级详细的指导，利用现有可传递的知识	高	限制性措施	外显性知识	开发性创新
B 公司为国外引进设备的国产化设立了研发中心，研发中心主任聘请了长期从事技术工作的工程师，后又将研发中心设立为公司，鼓励其自主研制与开发。技术出身的研发中心主任鼓励创新失败，认为多次试验才能成功；该研发中心具有较为松散的组织结构，以团队的形式开发研发与创新活动，成员间时常进行经验交流	较低	授权	默会性知识	探索性创新

资源来源：作者根据案例资料整理。

　　组织中对不确定性的规避首先表现为领导对待不确定性的态度与风格。不确定性规避低的领导者较少感受到失败的风险，因而能够在创新活动的开展上大展身手，充分授权，鼓励创新人员间的经验交流。

如案例企业 A 中军品项目的负责人，由于具有先前经验，因而在军品项目中的信心更强，较低的不确定性规避使其非常注重团队合作创新，促进成员间的知识共享与交流，使得个体的默会性知识转移、传递、扩散成为团队知识，以利于探索性创新。不确定性规避高的领导者则在创新活动上信心不足，时刻感受到失败的风险，因而采用限制性措施规避各种不确定性，使得创新活动向着指定的、期望的方向发展。包含限制性措施、指定方向等路径依赖要素的创新方式，将使得创新活动围绕现有知识展开而形成开发性创新。

其次，组织中的不确定性规避还表现为组织成员对不确定性的看法与态度。不确定性规避低的组织成员倾向于变化，认为在创新过程中变化是必然的，因而对其有较强的偏好。为了追求变化，他们更愿意接受新知识、探寻新知识，不愿意受到正式制度与规则的限制，因此授权式的领导风格更适合不确定性规避低的组织成员。在这种领导与成员相匹配的组织文化氛围中，知识共享意愿较高，促进个体所掌握的默会性的转移，形成组织层面丰富的组织知识。新知识、新技术乃至新的做事方法应用于创新过程，有利于探索性创新的开展。不确定性规避高的组织成员则认为变化即风险，主张通过正式制度、严谨的流程来规避风险，减少变化。他们倾向于采用风险低的现有知识，这些惯性表现阻碍了新知识的产生，使得创新活动多围绕开发性创新展开。

6.3.2 企业交易主体体制属性的调节作用

根据表 6.6 所示的案例资料，体制外组织丰富的市场运作知识、关于顾客需求的了解、完备的技术创新体系引导合作企业把握市场风险，预测不确定性，以降低不确定性的负面影响。因而与体制外组织的交易有助于强化低不确定性规避的作用，弱化高不确定性规避的作用。通过与体制外组织的合作，企业将能够获得更多关于顾客需求的知识，或者学会分析顾客偏好的技能，使企业更接近市场、接近顾客，降低由于顾客需求波动性带来的创新应用的不确定性。同时，体制外组织自身由于权力距离较小，不确定性规避较低，因而员工的风险偏好较高，知识共享意愿较强。其对待创新的做法，共享的知识经由合作联结传递至企业，有助于企业在创新任务开展上路径、过程、结果层面不确定性的降低，以及对不确定性认知的改善，从而更有信心的开展创新活动，激发探索性创新的产生。正如案例企业 B 所展示的，在为其他环保企业提供国产化设备过程中，后者为企业提供了顾客的详细需求，指导企业进行顾客参与的、定制化的创新，有利于企业开发适销对路的探索性创新产品。

表 6.6　**交易主体体制属性调节不确定性规避影响创新方式的案例证据**

案例证据	不确定性规避	交易主体体制属性	创新方式
A 公司军品项目由公司的创业者直接领导，由于其是军人出身，且在部队期间从事相关技术研发工作，因此其深信军品项目的可行性。公司军品项目所开发的车载、船用保鲜系统都是与以往陆地使用保鲜系统完全不同的新系统，需要进行多方面的试验与开发。这些保鲜系统主要销售给陆军、海军部队，产品的后续开发是在现有产品基础上的持续改进	低	内	探索性创新、开发性的程度提高
A 公司的民用项目由公司创业者任命创业团队中的一名主要成员负责。其同样是军人出身，对军用保鲜设备较为熟悉，而对军品民用相对陌生，因此其担心项目的后续发展，因而在创新活动中多采用能够跟上消费者感知需求的成熟技术，而非全新的技术。A 公司的民用项目所开发的主要是在原有保鲜系统知识基础上在农产品领域中的应用。相关系统主要销售给农产品企业。由于市场竞争的日趋激烈，公司一方面在不断探寻新的民用领域，如健身场馆建设；另一方面也在创新农产品保鲜系统，如根据每种蔬菜水果特性设计保鲜系统	较高	外	开发性创新、探索性的程度提高

案例证据	不确定性规避	交易主体体制属性	创新方式
B公司垃圾处理项目的运营由公司总经理负责，而该总经理由上级母公司（上市公司）总经理兼任。由于每年上市年报的压力，公司总经理较少采取风险高的创新活动和市场行动，常采用指导性、命令性措施避免风险的产生。公司的研发主要是引进国外先进技术后的吸收创新，在国外技术基础上的改进。公司主要为地方政府提供垃圾处理业务，满足各地的垃圾处理需求。公司已在多地建设垃圾焚烧发电厂，都是复制公司在天津本部的设计、建设与运营模式	高	内	开发性创新
B公司为国外引进设备的国产化设立了研发中心，研发中心主任聘请了长期从事技术工作的工程师，后又将研发中心设立为公司，鼓励其自主研制与开发。技术出身的研发中心主任鼓励创新失败，认为多次试验才能成功。B公司所开发的设备（自动擦窗机等）主要销售给从事垃圾处理业务的各类企业，而各企业由于进行垃圾处理的方式不同，而对设备存在各方面定制化的需求，这使得公司要根据客户需求进行适应性的创新研究	较低	外	探索性创新

资源来源：作者根据案例资料整理。

6.4　长期导向/短期导向对探索性创新与开发性创新的影响

6.4.1　长期导向/短期导向与探索性创新、开发性创新

根据表 6.7 所示的案例资料，在长期导向的组织文化中，企业更关注长期目标的设立，关注企业在未来的可持续发展，而不是眼前的短期利益，这与探索性创新的理念较为相符。探索性创新是应用新知

识、产生新构想的一种创新形式，其创新实现的过程较长且风险较大，因而企业需要秉承着设立长远目标的思想，为探索性创新的实现积累资源与知识，以利创新成果的获得。相较之下，长期导向的组织文化激励人们以未来为设定目标的标准，倾向于通过勤俭、毅力等伦理要素的投入确立实现目标的路径。更为重要的是，一方面，长期导向引导企业关注行业发展，技术演进过程中趋势性、支配性的新知识，将其应用于创新实践使得创新过程更多采用引领技术领域的新知识，有利于探索性创新的开展；另一方面，长期导向注重节俭的伦理观点促使企业注重创新过程中的资源积累与成本节约，消除短视行为与机会主义行为，从而确保探索性创新的实施。正如案例企业 A 中军品项目所展示的，公司非常注重军用保鲜设备这一主营业务的可持续发展，不是关注一个项目的收益，而是关注持续性的交易与合作，因而时刻关注行业领域、技术领域中的新知识与新技术，将其用于创新实践以激发探索性创新，借此推动军品业务的发展。

表 6.7　长期导向/短期导向与探索性创新、开发性创新的案例证据

案例证据	长期导向/短期导向	知识结构	成本结构	创新方式
A 公司将军品项目作为公司的主营业务，希望通过军用保鲜设备质量的提高和军品市场的扩大促进军品业务的可持续发展。公司时刻关注军用保鲜设备的技术发展趋势，参加技术展览会，与专家定期交流，跟踪技术发展前沿。同时，公司注重创新过程中关键资源的积累，降低交易成本的产生	长期	趋势性知识	成本节约	探索性创新
A 公司的民用项目主要是在原有保鲜系统知识基础上在农产品领域中的应用。由于民用保鲜市场竞争激烈，公司需要做出快速投资决策、快速获得收益以弥补投资。公司主要借鉴军用设备的成功经验，将其运用于民用设备中，利用公司已经掌握的技术知识进行改进式的研发活动	短期	传统知识	快速资源投入	开发性创新

案例证据	长期导向/ 短期导向	知识 结构	成本 结构	创新 方式
B 公司垃圾处理项目在不同地区的建设与运营主要是复制公司在天津首个项目的成功经验。由于项目投资大、回收慢，因而公司注重在项目投资后通过快速建设与运营收回投资。公司在项目建设与运营上采用 BTO 模式，即建设、运营、移交，项目的持续运营交由项目持有方，公司作为建设方更注重建设利益的快速实现	短期	经验知识	快速资源投入	开发性创新
B 公司为国外引进设备的国产化设立了研发中心，鼓励其自主研制与开发。设备国产化是公司建设异地项目以外的重要收入来源，成为公司利益新的增长点。公司时刻跟踪相关技术领域的前沿知识，关注产品与技术发展趋势，将最新知识应用于技术创新。尽管允许失败，但也注重试验成本的降低，以放大创新收益	长期	演进性知识	成本节约	探索性创新

资源来源：作者根据案例资料整理。

　　与长期导向相对应，短期导向的组织文化更加"尊重传统知识"，倡导"从过去的经验中学习"，这种援引过去、思考现在的路径依赖思路能够降低创新的风险，有利于开发性创新的开展。短期导向理念主张间断地看待时间维度上企业的发展，认为企业应快速实现短期利益再思考下一步的发展计划，呈现出一种事件的现实性发展路径。短期导向对创新的影响，一方面表现在知识的运用上，即短期导向倡导对过去经验与现有知识的运用。原因在于，在现有知识基础上，开发性创新能够将风险降至最低，且能够最快地实现创新，获取创新收益。如案例企业 B 在异地垃圾处理项目建设上，以其 BTO（建设、运营、移交）的运营模式复制公司总部的成功经验，开展小幅的开发性创新，快速建成并实现移交，确保收益的快速实现。另一方面，短期导向对创新的影响表现在资源的快速投入，即不是注重长期的成本分担与资源共享，而是通过快速的资源投入，实现在现有知识基础上的开发性创新，以弥补不考虑成本的资源投资。正如案例企业 A 对民品项目的定位即成为军品业务的辅助，因而要快速实现收益以弥补军用业务上的创新投资。因此，民品业务主要借鉴军用设备的成功经验，将其运用于民用设备中，利用公司已经掌握的技术知识进行改进式的研发活动。

6.4.2 企业交易主体体制属性的调节作用

根据表 6.8 所示的案例资料，在与企业进行交易与合作的对象中，具有不同体制属性的交易主体本身在长期导向与短期导向方面的差异会影响企业对创新形式的选择。这种差异主要表现在体制内外组织高层管理者的任命形式、考核形式，及其对待创新的领导风格。就体制内组织而言，在人力资源的调配与管理上要受到国家行政指令的制约，因而体制内组织的高管人员更期望在较短任期内做出良好的业绩，表现在决策行为上，体制内组织高管更倾向于投资收益好、见效快的创新项目，至少不在承担较高风险的情况下开展创新活动。在这种情形下，与体制内组织进行交易的企业即使具有长期导向的组织文化，倾向于通过长期的、可持续的创新过程获取创新成果，面对体制内组织对创新项目周期、创新风险、创新成本投入等诸多方面的约束与限制，也不得不通过采用现有知识来缩短创新活动周期，降低创新风险，将精力更多地投入基于现有知识与以往经验的开发性创新。正如案例企业 A 在军品项目上，当与陆军、海军等部队进行交易时，后者注重项目的创新收益，因而要求公司快速完成创新，因此公司在军用保鲜设备开发出来后，只能围绕现有知识展开开发性创新，而无法延续探索性创新路径。

表6.8 企业交易主体体制属性调节长期导向影响创新方式的案例证据

案例证据	长期导向/短期导向	交易主体体制属性	创新方式
A公司将军品项目作为公司的主营业务，希望通过军用保鲜设备质量的提高和军品市场的扩大促进军品业务的可持续发展。公司军品项目所开发的车载、船用保鲜系统都是与以往陆地使用保鲜系统完全不同的新系统，需要进行多方面的试验与开发。这些车载、船用保鲜系统主要销售给陆军、海军部队，产品的后续开发，主要是在现有产品基础上的持续改进	长期	内	探索性创新，开发性的程度提高
A公司的民用项目主要是在原有保鲜系统知识基础上在农产品领域中的应用。由于民用保鲜市场竞争激烈，公司需要做出快速投资决策、快速获得收益以弥补投资。相关系统主要销售给农产品企业。公司一方面在不断探寻新的民用领域，如健身场馆建设；另一方面也在创新农产品保鲜系统，如根据每种蔬菜水果特性设计保鲜系统	短期	外	开发性创新、探索性的程度提高
B公司垃圾处理项目在不同地区的建设与运营主要是复制公司在天津首个项目的成功经验。由于项目投资大，回收慢，因而公司注重在项目投资后通过快速建设与运营收回投资。公司的研发主要是引进国外先进技术后的吸收创新，在国外技术基础上的改进。公司主要为地方政府提供垃圾处理业务，满足各地的垃圾处理需求。公司已在多地建设垃圾焚烧发电厂，都是复制公司在天津本部的设计、建设与运营模式	短期	内	开发性创新

续表

案例证据	长期导向/短期导向	交易主体体制属性	创新方式
B 公司设备国产化是公司建设异地项目以外的重要收入来源，成为公司利益新的增长点。公司时刻跟踪相关技术领域的前沿知识，关注产品与技术发展趋势，将最新知识应用于技术创新，促进设备国产化业务的持续发展。B 公司所开发的设备（自动擦窗机等）主要销售给从事垃圾处理业务的各类企业，而各企业由于进行垃圾处理的方式不同，而对设备存在各方面定制化的需求，这使得公司要根据客户需求进行适应性的创新研究	长期	外	探索性创新

资源来源：作者根据案例资料整理。

　　在体制外组织的高管考核体系中，职业经理人制度、"金手铐"、股权激励等激励手段的采用使得体制外组织的高管不因任期而考虑创新周期，而是考虑企业收益最大化。特别是股权激励的运用，使得高管不仅考虑当期收益，更考虑企业的未来收益，以使自身的收益最大化。这就使得体制外组织高管鼓励高收益、可持续的探索性创新活动，支持创新活动中新技术、新知识的采用。更进一步，作为职业经理人，体制外组织高管掌握市场运作知识与市场竞争规则，主张企业只有确立长远目标，并在目标指引下开展能够培养可持续的核心竞争力的创新活动，不断引进、吸收、整合、创造新知识、新技术与新能力，才能在竞争对抗过程中取得制胜的市场地位。因此，企业与体制外组织进行交易与合作时，长期导向的文化会受到体制外组织领导风格的鼓舞，吸收体制外组织关于市场竞争的知识，将其用于企业的创新过程，增进创新过程中各部门、各环节的知识共享意愿，激发新知识的产生，从而促进探索性创新的推进。正如案例企业 B 在设备国产化业务中，在与私营企业、外资企业等的创新互动过程中，公司吸收了丰富的技术知识与市场知识，将其用于产品创新有利于产品定制化的实现以及新知识与资源的积累，强化了公司探索性创新成果的实现。

综上，基于 2 家企业 4 个创新项目的多重案例研究，一方面佐证了前文理论演绎式研究的一般结论，另一方面深入探索了组织文化维度影响企业创新选择的内在机理，形成如图 6.2 所示的理论框架。数据从左到右列示了组织文化维度以及经过知识、组织与领导层面的作用所形成的企业创新选择的结果。这些命题的可靠性已经在案例研究过程中得到了分析，检验和改进有待进一步完善。

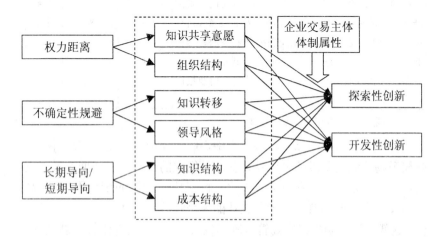

图 6.2 组织文化维度影响企业探索性创新与开发性创新的内在机理

资料来源：作者编制。

第 7 章　研究结论

本书基于文献分析提出关于组织文化维度影响探索性创新与开发性创新的理论假设，运用大样本统计检验的方法验证理论假设，进而选择典型案例，运用案例研究方法对组织文化维度影响企业创新方式的作用关系进行了深入研究，挖掘影响路径的内在机理。本研究围绕组织文化影响企业创新的作用关系、创新选择驱动下组织文化的营造以及双元创新的平衡等问题形成重要研究结论。

7.1　本书的研究结论与管理启示

7.1.1　研究结论

1. 提炼组织文化维度影响企业创新方式的作用关系

本研究发现，组织文化维度中权力距离、不确定性规避以及长期导向会对企业创新的方式产生影响：表现为权力距离低，不确定性规避低，倡导长期导向的组织，更倾向于开展探索性创新；而权力距离高，不确定性规避高，倡导短期导向的组织，更倾向于开展开发性创新。

首先，组织内权力距离的高低会影响企业在探索性创新与开发性创新间的选择。这与已有文献关于制度化权力差异影响企业创新的研究相衔接，但研究视角不同。从制度权力的角度来看，正式化、集权化、官僚化的组织较多地开展开发性创新，因为这种组织依靠制度规范形成了上下级之间较大的权力差异，导致下级更倾向于接受上级指令而从事命令引导、现有知识引导的开发性创新。而权力距离是下级所感知到的来自上级的权力压力，这可能部分源于组织的制度权力差异，但更多地是一种组织文化的营造。从感知权力的角度来看，低权力距离易于形成组织内的平等关系，使得平等、自由、民主等精神成为组织内成员的暗示规范，促进组织成员间知识共享意愿的提高，增进组织内知识的流动，以利于新知识的创造，激发探索性创新。高权力距离则促使企业建立集权式的规则与流程，延长信息处理流程与沟通程序，阻碍了组织成员间的知识共享意愿，限制了新知识的产生，而组织成员只能利用现有知识实施开发性创新。

其次，组织对不确定性规避的态度强弱会影响企业在探索性创新与开发性创新间的选择。利用创新成果参与市场竞争的企业时刻面临着来自外部市场环境、技术环境以及内部创新过程的多维不确定性，而组织对待不确定性的理念以及组织成员在不确定性规避上的表现制约着不确定性对组织创新活动的影响。不确定性规避低，意味着个体所感受到的不确定性威胁程度较弱，这对于组织领导而言更倾向于在创新任务中进行充分授权，支持创新人间的知识共享，允许以获取新知识为目的试验失败，以利于探索性创新。而对于组织成员而言，低不确定性规避的个体更崇尚自由与变化，更愿意接受团队式的领导，与不确定性规避低的领导相匹配，更激发其知识共享意愿，推动探索性创新。相较之下，不确定性规避高的组织领导则更多地采取限制性措施规避不确定性风险，通过对创新过程的干预提高创新结果的可预见性；而创新人员也善于利用现有的、擅长的知识，避免采纳新知识以降低创新风险。二者的匹配有利于促进开发性创新的开展。

最后，组织的长期导向倾向会影响企业在探索性创新与开发性创新间的选择。将蕴含中国传统文化特别是儒家文化的长期导向与短期导向应用于组织层面，更能折射出组织文化的本质特征。从组织层面来看，长期导向文化在目标设定上表现为以未来为目标的可持续发展，据此关注行业发展、技术演进过程中长期性、趋势性、支配性的新知识与新技术，从长期的角度始终把握前沿知识，着重长期资源的积累，从而有利于新知识的获取与凝结，用于探索性创新以激发新构想的产生。短期导向文化则以现实利益的获得为目标，注重企业的现实性发展。在短期导向文化中，企业往往借鉴已有的成功经验，尊重行业的传统做法，在向过去学习的基础上小幅改进现有知识，从而快速推进开发性创新以获得现实收益，收回短期内较高的投资与成本。

本研究还发现，与企业进行交易的交易主体体制属性会使得权力距离、不确定性规避以及长期导向与企业创新方式之间的作用关系发生改变。中国转型经济背景下复杂二元经济结构所引发的体制内外并存的制度格局，使得与企业进行交易的交易主体在体制属性上更加多元，而体制内组织和体制外组织在组织规范、资源含量、权力配置、内部流程等方面的差异促使企业在与之进行交易时，需采用适宜的创新活动以开发能够满足其需求的创新产品。究其原因，当企业与不同体制属性的组织进行交易时，组织文化不同维度作用于不同创新方式的原有关系将发生调整。在与体制内组织进行交易时，权力距离低、不确定性规避低、注重长期导向的企业在开展探索性创新的同时也会小幅开展开发性创新，主要由于体制内组织明显的等级制度观念、严格的沟通系统与流程、指令模糊所致的信息不对称以及任期制导致的对创新周期的要求等。在与体制外组织进行交易时，权力距离高、不确定性规避高、注重短期导向的企业在开展开发性创新的同时也可能尝试探索性创新，源于体制外组织对于市场运作知识与竞争规则的把握、对风险的偏好与对顾客需求的了解以及高管对长期收益的倾向等。本研究对交易主体体制属性的关注更贴近中国转型经济背景下企业间交易关系的独特性，同时也与当前企业创新研究中关注制度多元性，特别是与中国转型经济制度背景的前沿研究相契合。

本研究假设中提出的集体主义倾向影响企业创新选择并没有得到支持。原因可能在于，无论是探索性创新还是开发性创新，创新的构想可能来自个人的独创，也可能来自集体智慧的结晶；创新活动的开展更多地要靠团队来完成，而非个人一己之力。这意味着很难区分个人或集体在创新进程中的作用。更进一步，探索性创新与开发性创新的根本区别在于应用现有知识还是创造新知识，这在个人和集体层面很难做出解释。个体可能能够凭借悟性、感知等活动提出探索性创新构想，如乔布斯的三次探索性创新，集体利用成员间的知识共享与交流同样可能激发新构想。同时，开发性创新需要创新人员利用现有知识形成对创新构想的收敛性思维，这需要集体主义的团队促进，也可能在个人主义的组织中实现。根本原因在于个人特质的差异而非个人主义氛围，正如有研究所指出的，有的创新者就是善于整合优质资源进行探索性创新，而有的创新者则善于独立完成创新活动，这与创新者本身的知识结构、先前经验以及个性特征相关。

2. 挖掘组织文化维度影响创新方式的过程机理

组织文化维度对企业创新方式的影响并非仅包含交易主体体制属性调节的直接作用，而要经由知识层面、组织层面以及领导层面的中介作用，形成对企业探索性创新与开发性创新的最终影响。

首先，组织文化的不同维度会影响组织内成员间的知识共享意愿、转移的知识类型以及知识结构特征。从权力距离层面来说，低权力距离有利于营造平等的成员关系，激发组织成员的知识共享意愿，促进组织成员更多地参与组织学习与经验交流活动，促进新知识的创造。从不确定性规避层面来说，在不确定性规避低的组织文化中，组织成员更崇尚变化，愿意接受新知识，而不喜欢正式制度与规则的约束。为了追求新知识的获得，组织成员的知识共享意愿更强，在组织范围内转移的知识表现为自身掌握的默会性知识，以利于组织知识的形成。从长期导向层面来说，注重长期导向的组织更关注行业、技术的趋势性发展，注意把握支配性知识、演进性知识，从而使组织的知识结构以前沿性知识为主，且相关知识可用范围较广、时间跨度较大，有利于探索性创新的开展。

其次，组织文化的不同维度会经由组织与领导层面作用于企业的创新方式。就组织层面而言，权力距离要通过组织结构的扁平化程度作用于创新的选择，而长期导向则要通过组织内的成本结构作用于创新的选择。一方面，低权力距离意味着上下级关系趋于平等，上级更支持下级而不是对下级进行严格的指挥与控制。充分的授权使得组织结构趋于扁平化，基于扁平化的组织结构，组织成员更倾向于通过非正式组织内知识的共享激发新知识促进探索性创新。另一方面，长期导向文化中注重节俭的伦理观点，促使企业在建构创新组织、开展创新活动过程中注重成本节约导向下的资源积累，消除短视行为与机会主义行为，利用创新活动的长期性与过程性，分担创新投入，从而确保探索性创新的实施。而短期导向文化则侧重快速资源的投入，并不过多考虑组织成本而以组织收益为先导，注重短期收益导向的开发性创新。就领导层面而言，不确定性规避要经由领导风格作用于创新的选择。低不确定性规避投射在组织领导层面表现为对失败风险的较少感知，因而在创新活动中充分授权，鼓励组织成员间的知识共享；而高不确定性规避的领导者有着较弱的创新信心，时常采用多种限制性措施规避不确定性，降低创新风险，使得创新活动围绕现有知识展开。

3. 从过程的视角揭示组织文化对企业创新方式的影响

组织文化维度对企业创新方式的影响具有阶段性特征，即随着企业创新的发展呈现出对创新方式选择的不同影响。在创新的萌芽阶段，表现为创新活动的首次开展，组织文化形成对创新选择影响的直接作用。企业创新过程的萌芽往往是对于创新活动的尝试，尚未形成完备的知识结构与知识氛围，创新的开展更多地依靠组织文化氛围所激发的创新组织。具体而言，低权力距离、低不确定性规避以及长期导向文化，引导着组织领导与组织成员自由、平等地尝试性开发探索性创新；而高权力距离、高不确定性规避以及短期导向文化则依靠正式制度、规范流程约束着新知识的产生，促使企业在正式组织与集权安排下基于现有知识开展开发性创新。

在创新的发展阶段，表现为创新活动的持续开展，组织文化要通过组织知识形成对创新选择的间接影响，且会受到外部力量的调节影响。无论是权力距离要素、不确定性规避要素还是长期导向要素，都会对组织知识形成不同程度的影响，经由组织知识作用于组织创新的选择。这种中介作用主要表现为上述组织文化要素对组织知识共享意愿的促进、对默会性知识转移的推动以及对趋势性、演进性知识积累的影响，经由知识共享意愿的提升以及深层次、动态性知识的积累与传递，组织内有价值的新知识将更多地被激发，有利于探索性创新的开展。而外显性知识转移以及现有知识、传统知识的积累与改进，加之组织内现有知识的共享与交流，也有利于开发性创新的推进。

在创新的成熟阶段，组织文化可能形成对创新的阻碍作用，需要对组织文化进行调整乃至重新塑造。进入成熟阶段，企业创新更多地依循现有知识，即使在开展探索性创新的过程中，也可能由于与体制内组织的交易而融入开发性创新的要素，且随着创新的推进与组织惯性的形成，开发性创新的比例也在逐渐提高。现有知识产生于现有文化，若要突破阻碍创新发展的传统知识，或超越现有知识开发创造新知识的探索性创新，有必要对组织文化进行调整或重塑，营造低权力距离、低不确定性规避以及长期导向文化以引发创新的新循环。

组织文化维度影响企业创新方式的过程如图 7.1 所示。

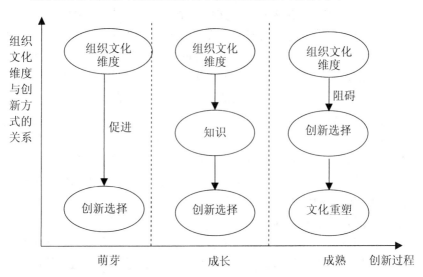

图 7.1　组织文化维度影响企业创新方式的过程模型

资料来源：作者编制。

7.1.2　管理启示

1. 企业应构建双元型组织以寻求探索性创新与开发性创新的平衡

本研究发现，在交易主体体制属性的影响下，企业创新方式的选择呈现出两种创新相融合、相协调的特征，即在探索性创新中融入开发性创新要素，或在开发性创新中融入探索性创新要素。例如，权力距离越低，企业越会选择探索性创新；但当企业与体制内组织进行交易时，企业会在探索性创新中增加开发性创新的内容。这意味着企业要面临着处理两种创新的关系，促进两种创新的平衡与协调的问题。正如马驰等人（March & Levinthal，1993）所指出的，一个组织所面对的基本问题就是为了当前的生存所从事的开发和与此同时为了未来的生存所投入足够精力的探索。

　　所谓平衡，指的是保持相互冲突的趋势之间的均衡[1]。就两种创新的平衡而言，应努力实现探索性创新与开发性创新在创新理念、创新组织、知识运用等诸多方面的平衡。然而，关于企业是否应该努力平衡探索性创新和开发性创新的处理方式，与在实践工作中企业平衡这些活动时的表现是不一致的。从理论层面来说，已有研究普遍认为企业应当追求探索性创新与开发性创新之间的平衡，因为前者所蕴含的长期创新能力与后者所带来的短期生产力对于组织的成功都是必不可少的。正如斯格尔考等人（Siggelkow & Levinthal，2003）所指出的，组织作为一个自适应实体，能够实现并维持探索和开发之间的平衡。而图什曼等人（Tushman & O'Reilly，1997）研究认为组织可以通过同时运用多样的运营模式来维持竞争优势，即通过加强稳定性和控制来提高开发效率，也可以通过承担风险和实践学习来提高探索收益。从实践层面来说，两种创新共存可能导致创新理念与知识的冲突、资源与精力的分散，创新适应过程的失败最终导致两种创新的不平衡。这在实证研究中已经得到了验证，如有研究发现同时进行两种创新活动时企业会面临的阻碍，并且强调了为了获得效益的活动和为了获得灵活性及适应性的活动之间的矛盾[2]。因此，虽然探索性创新与开发性创新在促进绩效提升方面是互补的，但它们所依赖的组织文化氛围存在矛盾冲突，这破坏了创新对绩效的提升作用。

---

① O'Reilly, C.A., Tushman, M.L. Ambidexterity as a Dynamic Capability: Resolving the Innovator's Dilemma[J]. Research in Organizational Behavior, 2008(28): 185-206.

② Abernathy, W.J., Clark, K.B. Innovation: Mapping the winds of creative destruction[J]. Research Policy, 1985(14): 3-22.

　　为了解决这个两难的困境，已有研究从战略管理、组织学习等理论视角给予了解释。从战略管理视角出发，波特（Porter，1990）提出一种激进的自我生成式创新战略，即通过出售或转让公司曾经辉煌、现今却已落伍的技术，保有最先进技术，从而使公司更好地依赖于新技术以实现自我更新。同样，有些研究人员也着重指出，因为今天的优势可能很快变成明天的弱势，所以没有一家公司可以建立一种持续的竞争优势。企业应该放弃那种试图建立稳定与均衡的想法，取而代之的是应该通过建立一系列临时的优势来主动破坏掉自己与竞争对手的竞争优势。这里的战略逻辑就是将探索与开发进行平衡。从组织学习理论出发，探索性创新与开发性创新之间平衡的问题表现为改善已有技术还是发明新的技术（Winter，1971；Levinthal & March，1981）。很明显，探索新的可供选择的方案会减缓提高现有技术的速度，同样，提高现有流程的竞争力会使试验失去吸引力。马驰（March，1991）认为绩效是潜在的回报和组织现有竞争力的综合作用。开发性创新积极地局部反馈会产生较强的路径依赖，从而导致次优的均衡状态。因此从长期来看，保持合理水平的探索很有必要。

　　本书关于探索性创新与开发性创新应形成相互融合、相互协调关系的结论，与已有关于两种创新平衡的前沿观点相契合。更进一步，本书从组织文化的角度深入解读了两种创新平衡的实现路径，即通过特定组织文化的营造，双元型组织的构建，以形成多元文化的融合与协调。

　　双元型组织的构建是解决组织当前生存导向下的开发与未来发展导向下的探索之间矛盾的关键途径①。原因在于，探索活动所引发的过度的破坏性技术必须从组织中分割出来，否则他们就会破坏更多的组织开发性过程。这个互补的整合行为是非常必要的，因为高绩效需要两种能力跨越整个组织紧密联系在一起，而不是和一个具体的子单元相联系。这就形成了探索性创新和开发性创新在组织空间内的分离，即在组织的不同空间通过创建不同的组织单元以同时开展完全相异的

① Raisch, A., Birkinshaw, J., Probst, G., Tushman, M.L. Organizational ambidexterity: Balancing exploitation and exploration for sustained performance[J]. Organization Science, 2009, 20(4): 685-695.

探索性创新与开发性创新活动。尽管他们包含了相互矛盾的组织因素，但他们营造出了一种有利于共同发展的组织环境，并借助这种环境来应对开发与探索之间的冲突。事实上，从某种程度上看，任何一个企业都会开展探索与开发两种活动。但双元型组织的建构，使得探索性组织单元通过不断与外界交换信息、资源进而吸取外部新知识，从而提升企业创新能力，使得开发性组织单元不断强化对现有知识的强化、整合与利用，从而为组织不断改善质量、升级产品奠定基础。

2. 企业创新方式的选择要靠特定组织文化的营造

组织文化维度会对企业的创新方式产生影响，这意味着特定创新方式的形成有赖于相应文化氛围的营造。例如，当企业需要借助探索性创新开发新产品时，在充分识别与利用新知识与新技术的同时，着力营造低权力距离、低不确定性规避且具有长期导向的文化氛围，将有助于探索性创新活动的开展；而当企业聚焦于开发性创新活动时，则应关注高权力距离、高不确定性规避与短期导向文化的构建，以利于充分发挥现有知识的作用，引导开发性创新的实施。

基于双元型组织的构建，企业能够通过在不同组织单元营造不同的组织文化，从而形成组织的多元文化以促进探索性创新与开发性创新的平衡。本研究发现，企业在组织文化上的不同表现会促使企业在探索性创新与开发性创新之间做出选择，若营造不同表现类型与程度的组织文化，将有助于同时开展探索性创新与开发性创新，实现两种创新的平衡。文化的营造一方面依赖于组织形式的构建，如在双元型组织中，可以在探索型组织单元中建构扁平化的组织结构，营造权力距离低、不确定性规避弱、长期导向的组织文化，以利于探索性创新；而在开发型组织单元中，适宜构建集权化组织结构，培养权力距离高、不确定性规避强、短期导向的组织文化，以利于开发性创新。另一方面，文化的营造还有赖于领导风格、组织氛围等因素的影响，企业应当注重打造充分授权、偏好变化、倡导长期合作的团队式领导，培养自由、民主、平等的组织氛围，从而营造权力距离低、不确定性规避弱、长期导向的组织文化。总之，创新方式的选择、两种创新的平衡有赖于组织形式的建构以及组织文化的营造。

7.2 研究的学术价值与创新点

7.2.1 本研究的学术价值

本研究的学术价值主要体现在以下三个方面：

（1）本研究突破以往较多地从技术、知识角度挖掘创新绩效提升原因的研究，从组织文化角度着重探讨了企业在不同类型创新间的选择，研究有助于从组织文化角度形成对企业创新权变选择的理论解释，有助于深入挖掘具备何种组织文化的企业更适宜实施哪种类型创新的深层次原因。已有研究多援引资源基础理论、能力理论、知识理论、竞争优势理论等理论视角，解读影响探索性创新或开发性创新的因素，鲜有将两种创新整合在一起，从组织层面特别是组织文化角度对创新的选择进行剖析。本研究结论有助于从组织文化角度形成对企业创新过程与逻辑的解释，提出通过营造适宜的组织文化以促进创新实施的实践对策。

（2）本研究运用案例研究方法，深入探究了组织文化维度影响企业创新选择的过程机理，丰富了对该影响关系理论内涵的深入解析。本研究对组织文化维度经由知识层面、组织层面以及领导层面因素影响企业创新选择的内在机理进行了详细分析，而非单纯依赖大样本统计解释组织文化维度对创新选择的直接作用；本研究着力挖掘了创新过程中文化的促进作用、文化与知识的交互作用以及文化的阻碍作用，建构了关于创新过程中文化作用的动态演进命题，有助于丰富已有研究对组织文化与创新关系的理论内涵。

（3）本研究引入交易主体体制属性变量，借此折射出中国转型经济背景下独特的二元经济结构。本研究着重分析了交易主体体制属性变量对文化因素影响企业创新选择的调节作用，突出了转型期两种体制并存的独特制度环境对企业创新选择的重要影响，使得研究更贴近中国的制度情境与文化情境。本研究有助于揭示"在组织文化相似的条件下，为什么企业在面对具有不同体制属性的交易对象时会采取不同的创新形式"等有趣而重要的研究问题。

7.2.2　本研究的创新之处

（1）深入组织文化层面探讨组织文化维度对企业探索性创新与开发性创新的影响，从组织文化层面形成对两种创新权变选择的解释，以利于挖掘什么样的企业更适宜实施哪种创新的深层次原因。

（2）关注中国转型经济背景下的二元经济结构特征，剖析二元经济结构中制度环境对文化因素影响企业创新选择的调节作用，凸显了中国转型经济背景下两种体制并存的特殊制度环境对企业创新的重要影响。

（3）突破以往研究较多从知识、技术方面探讨企业创新绩效提升的路径、过程与机理的局限，转而从组织文化层面剖析探索性创新与开发性创新的实现路径，形成特定创新形式如何实现的逻辑解释，以启发管理者如何通过组织文化的营造推动创新活动的开展。

7.3　研究局限与未来研究展望

7.3.1　本研究的局限性

本研究的局限性主要在以下三个方面：

（1）本研究主要借鉴霍夫斯泰德（Hofstede，1991）的国家文化模型，将其应用于组织层面作为组织文化的重要因素，分析其对企业探索性创新与开发性创新的影响，研究对于组织文化维度的识别存在局限，后续研究应考虑扩大组织文化的范畴，整合组织文化维度，建构组织文化与创新选择的关系模型。

（2）本研究对于组织文化维度影响创新方式选择过程机理的剖析，主要采用了 2 个案例企业 4 个嵌入式单元，这是根植于少数个案的观察，因而存在一定的研究局限。本研究所选 4 个嵌入案例，分别拥有不同的组织文化，采取了不同的创新形式，特别在交易主体体制属性的调节作用下，创新类型表现出较大差异，这种极端案例（Polar cases）的完美性使得研究的普适性降低。后续研究还应扩大案例范围，选择多行业、多创新类型的企业样本进行验证。

（3）本研究对于制度环境的衡量仅采用了交易主体的体制属性，未考虑同样能够体现中国转型经济背景的市场化程度、裙带关系特征等要素，研究对于制度环境的考量存在局限。而且，研究仅考虑了与企业进行交易的对象体制属性，未考虑创新主体本身的体制属性，而二者体制属性的匹配可能会对企业创新选择产生有趣的影响。

7.3.2　未来研究方向

基于本研究有益的研究结论，未来研究主要围绕如下两个方面展开。

（1）对组织文化影响企业创新选择内在机理的深入探究。组织文化对企业创新选择的影响并非简单的一种文化决定一种创新的一对一的关系，而是包含了多个中间要素、多种互动过程的复杂因果关系，应围绕组织文化影响企业创新选择的过程与内在机理进行深入剖析。本研究仅就 2 个案例进行了探索性研究，未来一方面应扩大案例选择范围，建构创新发展过程维度下组织文化影响创新选择的动态过程，剖析过程中多要素互动的演化逻辑；另一方面应采用大样本调查方法检验关于过程机理的理论假设，以提高关于机理研究的普适性。

（2）对企业多种创新形式的平衡以及双元型组织的作用进行深度解读。探索性创新与开发性创新的平衡是一个有趣而复杂的难题。马驰（March，1991）曾指出探索性创新和开发性创新作为相互对立的两种活动，它们在资源上相互竞争，并且据其在两种活动上目标的不同对组织进行不同的定位。探索性创新和开发性创新之间如果没有达到某种平衡，那么企业就会面临被淘汰或者减值的危险。相反，企业如果能够在这两种活动中寻求平衡，就能避免或者更好控制这种对绩效产生重大影响的风险。然而，已有研究对于两种创新如何实现平衡，平衡实现的过程为何并没有给出较为一致的研究结论，这就为本书的后续研究提供了研究空间。尽管已有研究从时间角度（倡导两种创新的交替开展）、空间角度（倡导两种创新在不同组织单元开展）对创新平衡进行解释，但鲜有从组织文化层面的解读。为此，本书拟在未来研究中，从组织文化的角度探讨创新的平衡，基于创新成本结构最优、创新绩效最优的分析逻辑，解释两种创新相平衡的内在规律。同时，从双元型组织切入，探讨双元型组织与组织文化的交互作用，基于双元型组织探讨双元文化的构建以促进创新平衡的实现。

附录　调查问卷

尊敬的先生/女士：

您好，感谢您为我们回答这份问卷。本问卷仅供学术研究之用，因而无须填写姓名，您可以安心按照贵公司实际情况填写。您的慷慨解答无疑是对管理知识做出了贡献，也对这次学术研究的结果有着决定性影响，您的合作相信一定能够使这一研究成果更为完善。在此向您和您的公司致以最诚挚的谢意。谢谢您的大力协助！

一、调研背景

根据您企业的情况，在□中打"√"即可（企业成立时间直接写年限即可）。

1. 贵公司属于：

□资本密集型　　　　□技术密集型

□劳动密集型　　　　□资源密集型

2. 贵公司的企业性质：

□国有独资　　　　　□国有控股

□外资企业　　　　　□民营企业

□中外合资

3. 贵公司的员工人数是＿＿＿＿＿＿人。

4. 企业成立的时间＿＿＿＿年。

5. 企业内部职能部门或工作单元数目有＿＿＿＿个。

二、通过对您公司的具体情况的把握和了解，根据公司的现实情况结合您个人的理解，请在备选答案（1～5）的标题上打"√"（1=非常不符合，…，5=非常符合）

1. 在公司未来可能的产品、服务和机会方面，以下内容在多大程度上与我们企业实际情况相符：

非常不符合 ◄——————► 非常符合

（1）我们愿意接受超越我们产品（服务）的市场订单。

1　2　3　4　5

（2）我们在新产品（服务）上投入大量精力。

1　2　3　4　5

（3）我们不断在原有市场上尝试推广新产品（服务）。

1　2　3　4　5

（4）我们经常试图商业化全新的产品（服务）。

1　2　3　4　5

（5）我们经常利用新的市场机会。

1　2　3　4　5

（6）我们经常寻找全新的市场并试图探究这些市场。

1　2　3　4　5

2. 在公司现有产品、服务和市场方面，以下内容在多大程度上与我们企业实际情况相符：

非常不符合 ◄——————► 非常符合

（1）与新产品相比，我们更青睐对现有产品和服务进行改善。

1　2　3　4　5

（2）与革新相比，我们更青睐对现有产品和服务进行细微的调整。

1　2　3　4　5

（3）我们即便引进新产品，也必须与现有产品和市场有关。

1　2　3　4　5

（4）在灵活性和效率之间，我们更偏好效率。

1　2　3　4　5

（5）现有的客户群是我们创新产品的关键，我们更关注老客户。

1　2　3　4　5

（6）在低成本和差异化之间，我们倾向于降低运营成本。

1　2　3　4　5

3. 在公司内部上下级关系方面，您的主张是：

非常不同意 ◄——► 非常同意

（1）我们认为决策应由公司管理者决定，无需与下属商议。

1　2　3　4　5

（2）我们公司的上司与下属之间主要靠职权维系关系。

1　2　3　4　5

（3）我们认为公司管理者应尽量少征询员工意见。

1　2　3　4　5

（4）公司管理者应与员工保持距离，在工作之外少与员工接触。

1　2　3　4　5

（5）员工不应该对公司管理者所作的决定表示异议。

1　2　3　4　5

（6）公司管理者不应将重要的任务交给员工。

1　2　3　4　5

4. 在个人与集体目标的协调方面，以下内容在多大程度上与我们企业实际情况相符：

非常不符合 ◄——► 非常符合

（1）对公司来说个人利益一定要服从集体利益。

1　2　3　4　5

（2）在我们公司，个人成功远不如集体成功重要。

1　2　3　4　5

（3）我非常重视团队成员对我工作的认可。

1　2　3　4　5

（4）员工应该在考虑了团队利益之后才可以追求个人目标。

1　2　3　4　5

（5）管理者要求我们即便个人目标受阻也应忠于团队。

1　2　3　4　5

（6）组织所期盼的是为了团体成功而放弃个人目标的员工。

1　2　3　4　5

5. 在公司内部业务流程方面，您的主张是：

非常不同意 ◄────► 非常同意

（1）详细的工作要求和工作指导非常重要，它们可以使员工知道自己应该怎样工作。

1　2　3　4　5

（2）作为管理者我们更希望员工能严格遵守规则、执行流程。

1　2　3　4　5

（3）规则和制度之所以重要，是因为它们让员工了解了组织的期望和要求。

1　2　3　4　5

（4）标准操作程序对员工工作来讲是很有帮助的。

1　2　3　4　5

（5）业务操作指南对于员工工作来讲是很重要的。

1　2　3　4　5

6. 关于公司在运营过程中的具体表现，以下内容在多大程度上与我们企业实际情况相符：

非常不符合 ◄────► 非常符合

（1）我们非常尊重企业的传统和惯例。

1　2　3　4　5

（2）在我们公司价值观一致比价值观多元更重要。

1　2　3　4　5

（3）我们企业需要在传承基础上创新而不是在创新基础上传承。

1　2　3　4　5

（4）我们更愿意有安全存储以备不时之需。

1　2　3　4　5

（5）公司今天的所有努力都是为了未来的成功。

1　2　3　4　5

（6）我们领导在环境变革时总能坚持和坚守。

1　2　3　4　5

（7）公司在每一个创业期时都很辛苦，但我们都愿意付出。

1　2　3　4　5

7. 在公司过往的与其他企业的合作中，关于合作伙伴关系状况，以下内容在多大程度上与我们企业实际情况相符：

非常不符合 ◄────► 非常符合

（1）我们建立关系网络时更愿意通过政府机关、事业单位或国有企业牵线。

1　2　3　4　5

（2）政府机关、事业单位或国有企业更能为我们提供其他的合作关系和伙伴。

1　2　3　4　5

（3）该政府机关、事业单位或国有企业拥有几个主要的合作伙伴，他们依靠这些合作伙伴来建立其他的合作关系。

1　2　3　4　5

（4）该政府机关、事业单位或国有企业在建立新的合作伙伴和关系时往往要借助多个中介主体（第三方）。

1　2　3　4　5

※问卷到此全部结束，请您检查是否有纰漏之处，再次感谢您的辛苦填答！！※

参考文献

[1] 陈晓萍. 跨文化管理（第二版）[M]. 北京：清华大学出版社，2012：62～83.

[2] 陈晓萍，徐淑英，樊景立.组织与管理研究的实证方法[M].北京：北京大学出版社，2012：35～317.

[3] 陈兴云. 权力[M]. 长沙：湖南文艺出版社，2011：45～48.

[4] 亨利·切萨布鲁夫. 开放创新的新范式[M]. 北京：科学出版社，2010：39～59.

[5] 胡文仲. 跨文化交际学概论[M]. 北京：外语教学与研究出版社，1999：165～176.

[6] 吉尔特·霍夫斯泰德著.李原，孙健敏译. 文化与组织——心理软件的力量[M]. 北京：中国人民大学出版社，2010.

[7] 卢少华，徐万珉. 权力社会学[M]. 哈尔滨：黑龙江人民出版社，1989：19.

[8] 罗德里克·马丁. 权力社会学[M]. 北京：三联书店，1992：8～28.

[9] 米歇尔·福柯. 权力的眼睛[M]. 上海：上海人民出版社，1997.

[10] 诺贝特·埃利亚斯著.王佩莉，袁志英译. 文明的进程[M]. 上海：上海译文出版社，2013：45～48.

[11] 诺贝特·埃利亚斯. 个体的社会[M]. 南京：译林出版社，2003：6.

[12] 热若尔·罗兰. 转型与经济学[M]. 北京：北京大学出版社，2002：10～12.

[13] 史蒂文·L. 麦克沙恩，玛丽·安·冯·格里诺.吴培冠等

译. 组织行为学[M]. 北京：机械工业出版社，2011：239～240.

[14] 刘燕华等. 创新管理十大工具[M]. 北京：高等教育出版社，2011：7～10.

[15] 约翰·E. 艾特略. 创新管理[M]. 上海：上海财经大学出版社，2008：67～75.

[16] 张建宇著. 破坏性创新与在位企业执行困境突破[M]. 北京：经济科学出版社，2010：18～33.

[17] 王朝辉. 跨文化管理[M]. 北京：北京大学出版社，2009：48～92.

[18] 吴光炳. 转型经济学[M]. 北京：北京大学出版社，2008：35～56.

[19] [美]坎杰米等. 有效的领导者及其权力的行使[J]. 应用心理学，1997（2）：18.

[20] 边燕杰等. 结构壁垒、体制转型与地位资源含量[J]. 中国社会科学，2006（9）：100～109.

[21] 陈立新. 现有企业突破性的惯性障碍及其超越机制研究[J]. 外国经济与管理，2008（7）：20～25.

[22] 池升荣. 集体主义和个人主义——东西方社会文化差异理解的关键[J]. 太原师范学院学报（社会科学版），2008（1）：31～33.

[23] 丁琳，席西民. 变革型领导如何影响下属的组织公民行为——授权行为与心理授权的作用[J]. 管理评论，2007，19（10）：24～29.

[24] 方富熹等. 东西方儿童对友谊关系中的道德推理发展的跨文化研究[J]. 心理学报，2002（1）：48～50.

[25] 冯肇伯. 论经济转型的三大宏观问题——中东欧国家经济转型研究[J]. 经济学家，1997（1）：12～14.

[26] 郭冠清. 文化因素对企业经营绩效影响的研究[J]. 中国工业经济，2006（10）：91～97.

[27] 何朝林，孟卫东. 不确定性规避下的动态资产组合选择[J]. 系统工程学报，2009（4）：150～155.

[28] 景维民等. 转型经济的阶段性及其划分———一个初步的分析框架[J]. 河北经贸大学学报, 2008 (9): 5～10.

[29] 孔继红, 茅宁. 吸收能力与组织探索性—开发性创新的形成及惯性[J]. 南京师大学报 (社会科学版), 2007 (9): 63～67.

[30] 李剑力. 探索性创新、开发性创新及其平衡研究前沿探析[J]. 外国经济与管理, 2009 (3): 23～29.

[31] 李剑力. 探索性创新、开发性创新与企业绩效关系的整合研究模型及理论假设[J]. 经济经纬, 2010 (3): 105～109.

[32] 李利霞等. 间断均衡和双元均衡模式下企业多元化与绩效关系分析[J]. 南华大学学报 (社会科学版), 2010 (4): 40～42.

[33] 李文娟. 霍夫斯泰德文化维度与跨文化研究[J]. 社会科学, 2009 (12): 126～129.

[34] 李忆, 司有和. 探索式创新、利用式创新与绩效: 战略和环境的影响[J]. 南开管理评论, 2008, 11 (5): 4～12.

[35] 凌鸿, 赵付春, 邓少军. 双元性理论与概念的批判性回顾与未来研究展望[J]. 外国经济与管理, 2010 (1): 25～33.

[36] 吕炜. 关于转轨经济的初步研究[J]. 财经问题研究, 2002 (2): 3～10.

[37] 刘军, 富萍萍. 结构方程模型应用陷阱分析[J]. 数理统计与管理, 2007 (3): 268～272.

[38] 刘军, 李永娟, 富萍萍. 高层管理团队价值观共享、冲突与绩效: 一项实证检验[J]. 管理学报, 2007 (9): 644～653.

[39] 刘军, 吴维库, 刘益. 我国企业领导价值观传递模式研究[J]. 管理工程学报, 2006, 20 (4): 18.

[40] 刘善仕. 组织行为学视野中的个人主义与集体主义[J]. 科技进步与对策, 2003 (9): 97～99.

[41] 刘文兴等. 不确定性规避、工作负担与领导授权行为: 控制愿望与管理层级的调节作用[J]. 南开管理评论, 2012 (5): 4～12.

[42] 刘学. "空降兵" 与原管理团队的冲突及对企业绩效的影响[J]. 管理世界, 2003 (6): 105～113.

[43] 刘永强，赵曙明. 跨国公司组织文化与人力资源管理协同研究：知识创新视角[J]. 中国工业经济，2005（6）：90～97.

[44] 刘玉新，张建卫. 高层管理者的工作压力、社会支持及二者关系研究[J]. 南开管理评论，2005，8（6）：9～16.

[45] 潘镇，李晏墅. 联盟中的信任——一项中国情景下的实证研究[J]. 中国工业经济，2008，（4）：44～54.

[46] 王国保，宝贡敏.中国文化背景下知识共享的维度与测量[J].现代管理科学，2010（3）：16～18.

[47] 王海忠.零售店选择的民族中心主义行为及其营销战略意义[J]. 商业经济与管理. 2007，12（2）：21～25.

[48] 王清晓，杨忠. 跨国公司母子公司之间的知识转移研究：一个情境的视角[J]. 科学学与科学技术管理，2005（6）：81～86.

[49] 韦慧民，龙立荣. 认知与情感信任、权力距离感和制度控制对领导授权行为的影响研究[J]. 管理工程学报，2010，25（1）：10～17.

[50] 吴敬琏. 中国经济转型的困难与出路[J]. 经济改革，2008（2）：9～13.

[51] 吴兰花.跨文化心理学中个人主义和集体主义研究概述[J].湖南第一师范学报，2003（3）：73～75.

[52] 伍先禄等.从不确定性规避理论看中西跨文化交际的心态调整[J]. 湘潭师范学院学报（社会科学版），2009（9）：9～102.

[53] 徐笑君. 权力距离、不确定性规避对跨国公司总部知识转移的调节效应研究[J]. 经济管理，2010（1）：61～68.

[54] 杨国枢. 心理学与管理学的互动[J]. 华人企业论坛，2000年春季号：15～27.

[55] 杨俊，韩炜，张玉利. 工作经历隶属性、市场化程度与创业行为速度——基于CPSED调查数据的实证研究[J]. 管理科学学报，2014（8）.

[56] 杨小凯等.经济改革和宪政转轨[J].经济学季刊，2003（3）：28～30.

［57］叶蓉慧，陈凌. 由个人自我构念价值看中国、香港与台湾之文化趋向及争辩行为［J］. 新闻学研究，2004，7（80）：51～87.

［58］张闯等. 渠道公平对长期导向和渠道投机行为的影响——基于家具渠道的实证研究［J］. 中大管理研究，2012，7（3）：86～103.

［59］张建宇. 探索性创新与开发性创新的协调路径及其对绩效的影响［J］. 科学学与科学技术管理，2012（5）：64～69.

［60］张文慧，王辉. 长期结果考量、自我牺牲精神与领导授权赋能行为：环境不确定性的调节作用［J］. 管理世界，2009（6）：115～123.

［61］张玉利，李乾文. 公司创业导向、双元能力与组织绩效［J］. 管理科学学报，2009（2）：137～151.

［62］周建涛，廖建桥. 权力距离导向与员工建言：组织地位感知的影响［J］. 管理科学，2012（2）：35～44.

［63］周俊，薛求知. 双元型组织构建研究前沿探析［J］. 外国经济与管理，2009（1）：50～57.

［64］周茵，庄贵军，彭茜. 长期导向对企业使用合同抑制渠道投机的影响［J］. 商业经济与管理，2013（4）：5～13.

［65］周长辉，曹英慧. 组织的学习空间：吉尼密度、知识面与创新单元的创新绩效［J］. 管理世界，2011（4）：84～97.

［66］Aperia, K.T., Georgson, M. Strategic Brand Management[M]. Ashford Color Press Ltd, 2008.

［67］Baumeister, R. InD. Gilbert, G. Lindzey(Eds.). Handbook of social Psyehology[M]. NewYork: Oxford University Press, 1998.

［68］Burns, T., Stalker, GM. The Management of Innovation[M]. Tavistock: London, 1961.

［69］Earley, P.C., Randel, A. An organizational analysis of culture and action in a work context[M]. Handbook of Organizational Behavior. London: Blackwell Publish-ers, Inc, 1997.

［70］Fiske, A.P., Kitayama, S., Markus, H.R., Nisbett, R.E. The cultural matrix of social Psychology [M]. The hand book of social

Psychology. Boston: McGrawHill, 1998.

［71］ Gould, S.J. The Panda's Thumb: More Reflections in Natural History[M]. New York: Norton, 1980.

［72］ Hofstede, G.H. Culture's Consequences: Comparing Values, Behaviors, Institutions, and Organizations Across Nations[M]. Thousand Oaks, CA: Sage Publications, 2001.

［73］ Hofstede, G.H. Culture's Consequences: International Differences in Work Related Values[M]. Beverly Hills, CA: Sage Publications, 1980.

［74］ Hofstede, G.H. Cultures and Organizations: Software of the Mind[M]. London: Mcgraw-Hill, 1991.

［75］ Hofstede, G.H., Kassem, M.S. European Contributions to Organization Theory[M]. Assen, Netherlands: Van Gorcum, 1976.

［76］ Mintzberg, H. Power in and around organizations[M]. Englewood Cliffs, NJ: Prentice Hall, 1983: chap.1.

［77］ O'Reilly, C.A., Tushman, M.L. Winning Through Innovation: A Practical Guide to Leading Organizational Change and Renewal[M]. Harvard Business School Press: Cambridge MA, 1997.

［78］ Parsons, T., Shills, E. Toward a General Theory of Social Action[M]. Harvard University Press, 1951.

［79］ Pfeffer, J. Managing with Power[M]. Boston: Harvard Business University Press, 1992.

［80］ D'Aveni, R. Hyper Competition: Managing the Dynamics of Strategic Maneuvering[M]. Free Press, New York, 1994.

［81］ Lin, N. Social Capital: A Theory of Social Structure and Action[M]. Cambridge: Cambridge University Press, 2001.

［82］ Mulder, M. The Daily Power Game[M]. Leiden, Netherlands: Martinus Nijhoff, 1976.

［83］ Ormerod, P. Why Most Things Fai [M]. New York: Pantheon Books, 2005: 18.

［84］ Thompson, J.D. Organizations in Action[M]. McGraw-Hill: New York, 1967.

［85］ Triandis, H. C. Theoretical Concepts that are Applicable to the Analysis of Ethnocentrism[M]. Newbury Park, CA Sage, 1990.

［86］ Triandis, H.C. Individualism and collectivism[M]. Boulder. Co:Westview Press, 1995.

［87］ Abernathy, W.J., Clark, K.B. Innovation: Mapping the winds of creative destruction[J]. Research Policy, 1985(14): 3-22.

［88］ Angelique, E.R., Pascale, M.L., Wilmar, B.S. Active coping and need for control as moderators of the job demand-control model: Effects on burnout[J]. Journal of Occupational and Organizational Psychology, 1998, 71(1): 1-18.

［89］ Auh, S., Menguc, B. Balancing exploration and exploitation: The moderating role of competitive intensity[J]. Journal of Business Research, 2005, 58(12): 1652-1661.

［90］ Barnes, B., Leonidou, L.C., Siu, N.Y.M., and Leonidou, C.N. Opportunism as the Inhibiting Trigger for Developing Long-term-oriented Western Exporter-Hong Kong Importer, Relationships[J]. Journal of International Marketing, 2010, 18(2): 35-63.

［91］ Bearden, W.O., Money, R.B., Nevins, L.A. Measure of long-term orientation: Development and validation[J]. Academy of Marketing Science Journal, 2006, 34(3): 456-467.

［92］ Beckman, C.M., Haunschild, P.R., Phillips, D.J. Friends or strangers? Firm-specific uncertainty, market uncertainty, and network partner selection[J]. Organization Science. 2004(15): 259-275.

［93］ Benner, M.J, Tushman, M.L. Exploitation, Exploration, and Process Management: The Productivity Dilemma Revisited[J]. Academy of Management Review, 2003(28): 238-256.

［94］ Benner, M.J., Tushman, M.L. Process management and technological innovation: A longitudinal study of the photography and paint industries[J]. Administrative Science Quarterly, 2002(47): 676-706.

[95] Bhagat, R., Kedia, B., Hareston, P., Triandis, H. Cultural variations in cross-border transfer of organizational knowledge: An integrative framework[J]. Academy of Management Review, 2002(27): 204-221.

[96] Bochner, S. Hesketh, B. Power distance, individualism/ collectivism, and job-related attitudes in a culturally diverse work group[J]. Journal of Cross-Cultural Psychology, 1994, 25(2): 233-257.

[97] Bond, M.J., Feather, N.T. Some correlates of structure and purpose in the use of time[J]. Journal of Personality and Social Psychology, 1988, 55(2): 321-329.

[98] Bradley, L.K., Kevin, B.L., Cristina, B.G. A quarter century of culture's consequences: A review of empirical research incorporating Hofstede's cultural values framework[J]. Journal of International Business Studies, 2006, 37(3): 285-320.

[99] Burgelman, R.A. Fading memories: A process theory of strategic business exit in dynamic environments[J]. Administrant Science, 1994(39): 24-56.

[100] Cao, Q., Gedajlovic, E., Zhang, H. Unpacking organizational ambidexterity: Dimensions, contingencies, and synergistic effects[J]. Organization Science, 2009(20): 791-795.

[101] Cavone, A., Chiesa, V., Manzini, R. Management style in industrial R & D organizations[J]. European Journal of Innovation Management, 2000 (3): 59-71.

[102] Chen, C. C., Xiao-Ping, Chen., James, R., Meindl. How can cooperation be fostered? The cultural effects of individualism-collectivism[J]. The Academy of Management Review, 1998, 23(2): 285-304.

[103] Cheng, Y.T., Van de Ven, A. H. Learning the innovation journey: Order out of chaos?[J]. Organization Science, 1996(7): 593-614.

[104] Child, J., Tse, D.K. China's transition and its implications for

international business[J]. Journal of International Business Studies, 2001, 32(1): 5-21.

[105] Child, J., Yan, L. Institutional constraints on economic reform: The case of investment decisions in China[J]. Organization Science, 1996, 7(1)7: 60-77.

[106] Chung, S., Singh, H., Lee, K. Complementarities, status similarity and social capital as drivers of alliance formation[J]. Strategic Management Journal, 2000(21): 1-22.

[107] Clugston, M., Howell, J.P., Dorfman, P.W. Does cultural socialization predict multiple bases and foci of commitment?[J]. Journal of Management, 2000, 26: 5-30.

[108] Combs, J.G., D.J. Ketchen. Can capital scarcity help agency theory explain franchising? Revisiting the capital scarcity hypothesis[J]. Academic Management. 1999(42): 196-207.

[109] Cousins, SD. Culture and self-perception in Japan and the United States[J]. Journal of Personality and Social Psychology, 1989, 56(1): 124-131.

[110] Crossan, M.M., Lane, H., White, R. An organizational learning framework: From intuition to institution[J], Academy of Management Review, 1999(24): 522-537.

[111] Danneels, E. The dynamics of product innovation and firm competences[J]. Strategic Management, 2002(23): 1095-1121.

[112] Daphna, O. High power, low power, and equality: Culture beyond individualism and collectivism[J]. Journal of Consumer Psychology, 2006, 16(4): 352-356.

[113] Desmond, L. Cultural influence on proneness to brand loyalty[J]. Journal of International Consumer Marketing, 2007(19): 7-21.

[114] Dittrich, K., Duysters. Strategic repositioning by means of alliance networks: The case of IBM[J]. Research Policy, 2007(36): 1496-1511.

〔115〕 Doney, P.M., Cannon, J.P. An examination of the nature of trust in buyer-seller relationships[J]. The Journal of Marketing, 1997: 35-51.

〔116〕 Dorfman, P.W., Howell, J.P. Dimensions of national culture and effective leadership patterns: Hofstede revisited[J]. Advances in International Comparative Management,1988, 10(3): 127-150.

〔117〕 Douglas Susan P., Craig C.Samue. The changing dynamic of consumer behavior: Implications for cross-cultural research[J]. International Journal of Research in Marketing, 1997(10): 379-395.

〔118〕 Duncan, R.B. The ambidextrous organization: Designing dual structures for innovation[J]. The Management of Organization, 1976(1): 167-188.

〔119〕 Dyer, J.H., Singh, H. The relational view: Cooperative strategy and sources of interorganizational competitive advantage[J]. Academy of Management Review, 1998(23): 660-679.

〔120〕 Ebben, J.J., Johnson, A.C. Efficiency, flexibility, or both? Evidence linking strategy to performance in small firms[J]. Strategic Management Journal, 2005(26): 1249-1259.

〔121〕 Erez, M. The congruence of goal-setting strategies with sociocultural values and its effects on performance[J]. Journal of Management, 2000(12): 83-90.

〔122〕 Eylon, D. A., Au, K.Y. Exploring empowerment cross-cultural differences along the power distance dimension[J]. International Journal of Intercultural Relations, 1999, 23(3): 373-385.

〔123〕 Floyd, S.W., Lane. P.J. Strategizing throughout the organization: Managing role conflict in strategic renewal[J]. Acadamic Management Review. 2000(25): 154-177.

〔124〕 Ganesan, S. Determinants of long-term orientation in buyer-seller relationships[J]. The Journal of Marketing, 1994: 1-19.

〔125〕 Garcia, V.M. Does technological diversification promote innovation?[J]. Research Policy, 2006(35): 230–246.

［126］ Geletkanycz, M. The salience of culture's consequences: The effect of cultural values on top executive commitment to the status quo[J]. Strategic Management Journal, 1997, 18(8): 615-634.

［127］ Gersick, C.G. Revolutionary change theories: A multi-level exploration of the punctuated equilibrium paradigm[J]. Academy of Management Review, 1991, 16(1): 10-36.

［128］ Ghemawat, P., Ricart, I., Costa J.E. The organizational tension between static and dynamic efficiency[J]. Strategic Management Journal, 1993(14): 59-73.

［129］ Gibson, C. B., Birkinshaw, J. The antecedents, consequences, and mediating role of organizational ambidexterity[J]. Academy of Management Journal, 2004(47): 209-226.

［130］ Gilsing, V., Noteboom, B. Exploration and exploitation in innovation systems: The case of pharmaceutical biotechnology[J]. Research Policy, 2006(35): 1-23.

［131］ Goleman, D. The group and self: New focus on a cultural rift[J]. New York Times, 1990(11): 40.

［132］ Goncalo, J.A., Staw, B.M. Individualism-collectivism and Group Creativity[J]. Organizational Behavior, 2005, 11(1): 1-31.

［133］ Grazzani-Gavazzi, I., Oatley, K. The experience of emotions of interdependence and independence following interpersonal errors in Italy and Anglophone Canada[J]. Cognition and Emotion, 1999, 13(1): 49-63.

［134］ Griffith, D. A., Harvey, M.G., Lusch, R.F. Social exchange in supply chain relationships: The resulting benefits of procedural and distributive justice[J]. Journal of Operations Management, 2006, 24(2): 85-98.

［135］ Gulati, R. Does familiarity breed trust? The implications of repeated ties for contractual choice in alliances[J]. Academy of Management

Journal, 1995(38): 85-112.

[136] Gulati, R., Gargiulo, M. Where do inter-organizational networks come from?[J]. American Journal of Sociology, 1999(4): 1439-1493.

[137] Gupta, A.K., Smith, K.G., Shalley, C.E. The interplay between exploration and exploitation[J]. Academy of Management Journal, 2006, l49(4): 693-706.

[138] Hamel, G. Competition for competence and interpartner learning within international strategic alliances[J]. Strategic Management Journal, 1991(12): 83-103.

[139] Hannan, M.T., Freeman, J.H. Structural inertia and organizational change[J]. American Sociological Review, 1984(49): 149-164.

[140] He, Z., Wong, P. Exploration and exploitation: An empirical test of the ambidexterity hypothesis[J]. Organization Science, 2004(15): 481-494.

[141] Heide, J.B., John, G. Alliances in industrial purchasing: The determinants of joint action in buyer-supplier relationships[J]. Journal of Marketing Research, 1990, 27(1): 24-36.

[142] Hew, K.F., Hara, N. Empirical study of motivators and barriers of teacher online knowledge sharing[J]. Educational Technology Research and Development, 2007, 55(6): 573-595.

[143] Hislop, D. Linking human resource management and knowledge management via commitment[J]. Employee Relations, 2003, 25(l): 182-202.

[144] Hoskisson, R.E., Eden, L., Lau, C.M., Wright, M. Strategy in emerging economics[J]. Academy of Management Journal, 2000(43): 249-267.

[145] Hsee, C., Weber, E. National differences in risk preference and lay predictions[J]. Journal of Behavioral Decision Making, 1999(12): 165-179.

[146] Inkeles, A., Levinson, D.L. National character: The study of

modal personality and socio-cultural systems[J]. American Political Science Review, 1969(63): 1120-1140.

[147] Inkpen, A. C., Tsang, E.W. K. Social capital, networks, and knowledge transfer[J]. Academy of Management Review, 2005(30): 146-165.

[148] Inter-organizational partner selection: Syndicate formation among U.S. investment banks[J]. Academy of Management Journal, 2002(45): 1104-1119.

[149] Isobe, T., Makino, S., Montgomery, D.B. Exploitation, exploration and firm performance: The case of small manufacturing firms in Japan, Working Paper, Institutional Knowledge at Singapore Management University, 2005, 10.

[150] Jansen, J.J.P. Exploration and exploitation in technology marketing: Building the ambidextrous organization[J]. International Journal of Technology Marketing, 2005(1): 5-6.

[151] Jansen, J.P., Bosch, F.J., Volberda, H.W. Exploratory innovation, exploitative innovation, and performance: Effects of organizational antecedents and environmental moderators[J]. Management Science, 2006, 52(11): 1661-1674.

[152] Joshi, A.W., R.L. Stump, determinants of commitment and opportunism, integrating and extending insights from transaction cost analysis and relational exchange theory[J]. Canadian Journal of Administrative Science, 1999, 16(4): 334-353.

[153] Kagitcibasi, C., Berry, J.W. Cross-cultural psychology: Current research and trends[J]. Annual Review of Psychology, 1989(40): 493-531.

[154] Kale, P., Singh, H., Perlmutter, H. Learning and protection of proprietary assets in strategic alliances: Building relational capital[J]. Strategic Management Journal, 2000(21): 217-238.

[155] Katila, R., Ahuja, G. Something old, something new: A longitudinal study of search behavior and new product introduction[J].

Academy of Management Journal, 2002, 45: 1183-1194.

［156］ Koza, M.P., Lewin, A.Y. The coevolution of strategic alliances[J]. Organization Science, 1998(9): 255-264.

［157］ Lavie, D. Balancing exploration and exploitation in alliance formation[J]. Academy of Management Journal, 2006, 49(4): 797-818.

［158］ Lee, D.Y., Dawes, P.L. Guanxi, trust, and long-term orientation in Chinese business markets[J]. Journal of International Marketing, 2005, 13(2): 28-56.

［159］ Lee, J., Lee, J., Lee, H. Exploration and exploitation in the presence of network externalities[J]. Management Science, 2003(49): 553-570.

［160］ Levinthal, D. A., March, J.G. A model of adaptive organizational search[J]. Journal of Economic Behavior and Organization, 1981(2): 307-333.

［161］ Levinthal, D. A., March, J.G. The myopia of learning[J]. Strategic Management Journal, 1993(14): 95-112.

［162］ Levinthal, D.A. Adaptation on rugged landscapes[J]. Management Science, 1997(43): 934-950.

［163］ Leyland, M., Lueas. The role of culture on knowledge transfer: The case of the multinational corporation[J]. The Learning Organization, 2006(13): 257-275.

［164］ Li, S.M., Xia, J. The roles and performance of state firms and non-state firms in China's economic transition[J]. World Development, 2008(36): 39-54.

［165］ Litvin, S.W., Kar, G.H. Individualism/collectivism as a moderating factor to the self-image congruity concept[J]. Journal of Vacation Marketing, 2003, 10(1): 23-32.

［166］ Liu, Y., Huang, Y., Luo, Y., Zhao, Y. How does justice matter in achieving buyer-supplier relationship performance?[J]. Journal of Operations Management, 2012, 30(5): 355-367.

[167] Lusch, R.F., Brown, J.R. Interdependency, contracting, and relational behavior in marketing channels[J]. Journal of Marketing, 1996, 60(11): 19-38.

[168] March J.G. Exploration and exploitation in organizational learning[J]. Organization Science, 1991, 2(1): 71-87.

[169] Markus, H.R. Kitayama, S. Culture and self Implications for cognition, emotion and motivation[J]. Psychological Review, 1991(20): 568-579.

[170] Mcallister, D.J. Affect-and cognition-based trust as foundations for interpersonal cooperation in organizations[J]. Academy of Management Journal, 1995(2): 24-59.

[171] McGrath, R.G. Exploratory learning, innovative capacity, and managerial oversight[J]. Academic Management, 2001(44): 118-131.

[172] Memullan, R. A multiple-item scale for measuring customer loyalty development[J]. Journal of Services Marketing, 2005(19): 470-481.

[173] Money, R.B., Crotts, J.C. The effect of uncertainty avoidance on information search, planning, and purchases of international travel vacations[J]. Tourism Management, 2003, 24(2): 191-202.

[174] Moorman, Christine, Zaltman,G., Deshpande,R. Relationships Between Providers and Users of Market Research: The Dynamics of Trust Within and Between Organizations[J]. Journal of Marketing Research, 1992, 8(29): 314-328.

[175] Moorman, R.H., Blakely, G.L. Individualism-collectivism as an individual difference predictor of organizational citizenship behavior[J]. Journal of organizational behavior, 1995, 16(2): 127-142.

[176] Moran, P., Ghoshal, S. Markets, firms, and the process of economic development[J]. Academy of Management Review, 1999(24): 390-412.

[177] Morgan, R. M., Hunt, S.D. The commitment-trust theory of

relationship marketing[J]. Journal of Marketing, 1994, 58(3): 20-39.

［178］ Murford, M.D., Licuanan, B. Leading for innovation: Conclusions, issues, and directions[J]. Leadership Quarterly, 2004, 15(1): 163-71.

［179］ Napier, B.J., Ferris, J.R. Distance in organization [J]. Human Resource Management Review, 1993, 3(4): 321-357.

［180］ Nevins, J.L., Bearden, W.O. Money, B. Ethereal values and long-term orientation[J]. Journal of Business Ethics, 2007, 71: 261-274.

［181］ Niraj, D., Philip, P. Marketing universals: Consumers' use of brand name，price, physical appearance, and retailer reputation as signals of product quality[J]. Journal of Marketing, 2005(5): 81-96.

［182］ Niu, W., Sternberg, R.J. Cultural influences on artistic creativity and its evaluation[J]. International Journal of Psychology，2001, 36(4): 225-241.

［183］ Olcay, I.E. Individualism and collectivism in a model and scale of balanced differentiation and integration[J]. The Journal of Psychology, 1998(132): 95-105.

［184］ O'Reilly, C.A., Tushman, M.L. Ambidexterity as a dynamic capability: Resolving the innovator's Dilemma[J]. Research in Organizational Behavior, 2008(28): 185-206.

［185］ Oyserman, S., Hesther, A.M., Coon Markus Kemmelmeier. Rethinking Individualism and Collectivism: Evaluation of Theoretical Assumptions and Metaanalyses[J]. Psychological Bulletin, 2001(1): 46-67.

［186］ Paine, J. B., Organ, D.W. The cultural matrix of organizational citizenship behavior: Some preliminary conceptual and empirical observations[J]. Human Resource Management Review, 2000(10): 45-59.

［187］ Pandey, S., Sharma, R.R.K. Organizational Factors for Exploration and Exploitation: A Conceptual Review[J]. Journal of Technology Management & Innovation. 2009, 4(1): 48-58.

［188］ Parish, W.L., Michelson, E. Politics and markets: Dual transformations[J]. American Journal of Sociology, 1996, 101 (4): 1042-1059.

[189] Park, S.H., Chen, R.R., Gallagher, S. Firm resources as moderators of the relationship between market growth and strategic alliances in semiconductor[J]. Academy of Management Journal, 2002(2): 9-11

[190] Peter, T. Get innovative or get dead[J]. California Management, 1990(33): 9-26.

[191] Phelips, C.C. A longitudinal study of the influence of alliance network structure and composition on firm exploratory innovation[J]. Academy of Management Journal, 2010, 53(4): 890-913.

[192] Poppo, L., Zenger, T. Do formal contracts and relational governance function as substitutes or compliments?[J]. Strategic Management Journal, 2002, 23(8): 707-725.

[193] Prajogo, D.I. The relationship between innovation and business performance: A comparative study between manufacturing and service firms[J]. Knowledge and Process Management, 2006, 13(3): 218-225.

[194] Raisch, A., Birkinshaw, J., Probst, G., Tushman, M.L. Organizational ambidexterity: Balancing exploitation and exploration for sustained performance[J]. Organization Science, 2009, 20(4): 685-695.

[195] Raisch, S., Birkinshaw, J. Organizational ambidexterity: Antecedents, outcomes, and moderators'[J]. Journal of Management, 2008, 34: 375-409.

[196] Rivkin, J.W. Siggelkow, Balancing search and stability: Interdependencies among elements of organizational design[J]. Management Science, 2003(49): 290-311.

[197] Rothaermel, F. T., Deeds, D.L. Exploration and exploitation alliances in biotechnology: A system of new product development[J]. Strategic Management Journal, 2004 (25): 201-222.

[198] Rothaermel, F.T. Incumbent's advantage through exploiting complementary assets via interfirm cooperation[J]. Strategic Management Journal, 2002(22): 687-699.

[199] Rowley, T., Behrens, D., Krackhardt, D. Redundant governance structures: An analysis of structural and relational embeddedness in the steel and semiconductor industries[J]. Strategic Management Journal, 2000(21): 369-386.

[200] Schwartz, S.H. Individualism-collectivism: Critique and Proposed Refinements[J]. Journal of cross-cultural Psychology, 1990(21): 139-157.

[201] Senge, P.M. Sharing Knowledge[J]. Executive Excellence, 1997, 14(11): 17-24.

[202] Shane, S., Venkataraman, S. The promise of entrepreneurship as a field of research[J]. Academy of Management Journal, 2000(25): 217-226.

[203] Shankar, J.B., Barclay, D.W. The effects of organizational differences and trust on the effectiveness of selling partner relationships[J]. The Journal of Marketing, 1997(6): 3-21.

[204] Shapiro, D.L., Sheppard, B.H., Cheraskin, L. Business on a handshake[J]. Negotiation Journal, 1992, 8(4): 365-377.

[205] Siggelkow, N. Levinthal, Temporarily divide to concur: Centralized, decentralized, and reintegrated organizational approaches to exploration and adaptation[J]. Organization Science, 2003(14): 650-669.

[206] Simsek, Z. Organizational ambidexterity: Towards a multilevel understanding[J]. Journal of Management Studies, 2009,46(4): 597-624.

[207] Singelis, T.M., Bond, M.H., Sharkey, W.F., Lai, S.Y. Unpackaging culture's influence on self-esteem and embarrassability: The role of self-construals[J]. Journal of Cross-cultural Psychology, 1990, 30(3): 315-341.

[208] Smith, J.B., Barclay, D.W. The effects of organizational

differences and trust on the effectiveness of selling partner relationships[J]. The Journal of Marketing 1997: 3-21.

[209] Soh, P.H. The role of networking alliances in information acquisition and its implication for new product performance[J]. Journal of Business Venturing, 2003(18): 727-744.

[210] Soh, S., Leong, F.T.L. Validity of vertical and horizontal individualism and collectivism in Singapore relationships with values and interests[J]. Journal of Cross-cultural Psychology, 2002(33): 3-15.

[211] Sorenson, O., Stuart, T.E. Syndication networks and the spatial distribution of venture capital investments[J]. American Journal of Sociology, 2001(106): 1546-1586.

[212] Sproles, G. B., Kendall, E.L. A Methodology for Profiling Consumers' Decision Marking Styles[J]. Journal of Consumer Affairs, 1986, 20(2): 267-279.

[213] Straughan Alber Miller. An International Investigation of Cultural and Demographic Effects on Domestic Retail Loyalty[J]. International Marketing Review, 2001, 18(5): 521-545.

[214] Tan, J. Litschert, R.J. Environment-strategy re-lationship and its performance implication: An empirical study of the Chinese electronic industry[J]. Strategic Management Journal, 1994, 15(1): 1-20.

[215] Tan, J. Tan, D.Environment-strategy co-evolution and co-alignment: A staged model of Chinese SOEs under transition[J]. Strategic Management Journal, 2005, 26: 141-157.

[216] Taylor, A., Helfat, C.E. Organizational linkages for surviving technological change: Complementary assets, middle management, and ambidexterity[J]. Organization Science, 2009, 20(4): 718-739.

[217] Teece, D. Competition, cooperation, and innovation: Organizational arrangements for regimes of rapid technological progress[J]. Journal of Economic Behavior and Organization, 1992(18): 1-25.

[218] Tong, J., Mitra, A. Chinese cultural influences on knowledge

management practice[J]. Journal of knowledge management, 2009(13): 23-25.

[219] Tony, F. A critique of Hofstede's fifth national culture dimension[J]. International Journal of Cross Cultural Management, 2003, 3(3): 347-368.

[220] Triandis, H.C., BoniemPo, R., Villareal, M.J., Asai, M., Lueea, N. Individualism and collectivism: Cross-cultural perspectives on self-in group relation-ships[J]. Jounal of Personality and Social Psychology, 1988, 54(2): 323-338.

[221] Triandis, H.C. The self and social behavior in differing cultural contexts[J]. Psychological Review, 1989, 96(3): 506-520.

[222] Tushman, M. L., O'Reilly, C.A. Ambidextrous organizations: Managing evolutionary and revolutionary change[J]. California Management Review, 1996, 38(4): 8-30.

[223] Uzzi, B. Social structure and competition in interfirm networks: The paradox of embeddedness[J]. Administrative Science Quarterly, 2007(42): 35-67.

[224] Vera, D., M. Crossan. Strategic leadership and organization learning[J]. Academy Management, 2004(29): 222-240.

[225] Verhage, B.J., Yavas, U., Green, R.T. Perceived risk:A Cross-cultural phenomenon? [J]. International Journal of Research in Marketing, 1990(7): 297-303.

[226] Williams, C.R. Regional management oversea[J]. Harvard Business Review, 2000, 45(1): 87-91.

[227] Winter, S.G. Satisficing, Selection, and the Innovating Remnant[J]. The Quarterly Journal of Economics, 1971: 237-261.

[228] Zhang, Y, L., Winterich, K, P., Mittal, V. Power distance belief and impulsive buying[J]. Journal of Marketing Research, 2010, 47(5): 945-954.

致　谢

　　都说十年寒窗，当今天为博士论文画上句号的时候，我已经在求学路上历经 30 个年头。一直深知，自己不是个聪明的学生，唯有不断的努力和拼搏，才磕磕绊绊的走到今天。我始终心怀感激之情，感恩这一路给予我帮助与关怀的人们。

　　首先要感谢我的导师张英华教授，在求学的路上，恩师像一盏明灯，始终为我照亮前方。从本科读书就追随恩师，不知不觉已有 17 载。因为天资笨拙，在学习的过程中需要比别人付出更多的辛苦与努力，恩师始终给予我足够的耐心与宽容，爱护、鼓励着我，尤其是博士论文写作阶段，每一个环节都在恩师的指导下完成，处处闪烁着恩师的学术思想与智慧。不仅如此，恩师乐观、从容、严于律己的做人风格更是让我在收获学习成果的同时，树立了要成长为一个像恩师一样德行学术兼备的教师的坚定信念。对于恩师的感激之情无以言表，容学生日后以更加努力的工作态度与更丰厚的工作成果予以回报。

　　感谢我的好朋友们。张建宇大师兄、韩炜大师姐，一直不知道要怎么回报你们。在我徘徊、犹豫、痛苦甚至绝望的日子里，感恩有你们，你们一直都在我身边。无数次的伸出手来，奋不顾身的把深陷泥潭的我拉了出来，而我今天才能浴火重生；奥多比系统软件有限公司的魏成利工程师以及中海石油有限公司的黄彦峰总监，正是因为你们两位老朋友不遗余力的帮助，我的调查问卷发放与数据收集工作才能如此顺利；感谢苏磊与高楠两位挚友无数次的就论文选题、内容以及方法选择上与我的探讨，这些使我收获良多；还有与我已经相伴 13 年的闺蜜刘娟老师，风里雨里的这些年，酸甜苦辣你都陪我品尝。

　　感谢张英华老师团队的所有同门，白云曼、林楠、张秋玲、杨德森、李逢源、包凤耐、范莹给予我的关心与帮助，我们在 J 座 112 座一起度过的团队学术讨论的日子，将成为我日后最美好的回忆。

除此之外，我还要感谢天津财经大学的领导和同事们。无论是高正平校长、彭正银院长，还是王兰云、陈颉、冯振环三位主任，都在求学期间给予我信心与悉心关怀；感谢罗永泰教授从开题到预答辩过程中提出的宝贵意见，这使我的论文逻辑更为清晰、思路更为开阔；孙慧中、凌培全与李广英三位老师，您们给我的爱就像是潺潺的流水，始终滋润着我的心田；李炳荣老师在工作上的帮助与照顾，更是为我赢得了宝贵的论文写作时间。

最后的感谢送给我的家人。读博的这五年，是我人生最低谷的五年，不论是学习还是生活上，我都面临了前所未有的挑战与压力，所幸有你们的陪伴与毫无保留的爱，才使我能走到今天。我的母亲，我永远的坚强后盾，这世上所有赞美、美好的语言都送给您也不能表达我对您的爱，未来的日子，让我一直牵着您的手去创造更美好幸福的生活吧！我的哥哥和嫂子，日常生活中给予我无尽的呵护和关怀，无数次在我忙于学业和工作，无法照顾孩子的时候，义无反顾的接下重任，让我感受到血浓于水的亲情。还有两位我必须要感谢的小朋友：第一个是我的乐乐大侄子，你就是姑姑的开心果，无数次给精神疲惫的我送来欢声笑语；而最后一句感谢就是送给我的猛猛大儿子，多少个夜里，为了支持妈妈完成论文，这么小的年纪你都是勇敢的一个人入睡，你是妈妈前进路上的精神动力，没有你的支持，妈妈是不可能实现自己的梦想的。对我而言，这辈子最幸福的事情，就是能有你们的陪伴、能有你们的爱。

从没想到，儿时那句"我一定要读到博士"的豪言壮语，今日真的即将得以实现，而这梦想的实现，靠的正是一路上帮助、支持我的家人、朋友们，这里还有很多人无法在此一一列举，唯有把这份感激之情深埋心中。博士论文的完成不是终点，未来还有很长的路要走，而我已经做好了充分准备。黑夜无论多么漫长，黎明终将到来。